Doris Doppler

Starke Mailings

So texten Sie wirksame Werbebriefe

ISBN-10: 1479279358 | ISBN-13: 978-1479279357

2. Auflage

Erschienen im Eigenverlag: Doris Doppler, Innsbruck

web: www.textshop.biz | www.ddoppler.com
mail: office@textshop.biz

Printed in Germany by Amazon Distribution GmbH, Leipzig

INHALT

Marketing mit Mailings

Worum geht's ... 3
Vorteile von Werbebriefen ... 5
Wozu eignen sich Mailings? ... 9

Tipps fürs Texten

Worum geht's ... 15
Der optimale Schreibstil ... 17
Magische Worte ... 25
Aufzählungen ... 29
Hervorhebungen ... 32

Tipps fürs Konzept

Worum geht's ... 37
Verkaufen per Brief ... 39
Der grobe Rahmen ... 43
Kaufmotive ... 47
Nutzenargumentation ... 52
Blickverlauf ... 57
Die Rolle der Beilagen ... 59

Die Bausteine

Worum geht's ... 65
Überschrift ... 67
Anrede ... 71
Einstieg ... 74
Hauptteil ... 77
Abschluss ... 81

Grußformel ... 86
Unterschrift ... 88
PS ... 91
Antwortelement ... 96

Verstärker

Worum geht's ... 103
Testimonials ... 105
Garantien ... 109

Checklisten

Worum geht's ... 115
Passt der Text? ... 117
Passt das Konzept? ... 119
Passt der Aufbau? ... 120

Literatur ... 121
Die Autorin ... 123

Marketing mit Mailings

Worum geht's

Das Mailing – ein Werbemittel mit Tradition und vielen Vorteilen: Direct Mailings sind mit wenig Aufwand verbunden, sprechen den Leser persönlich an und lassen sich auf ihre Wirkung testen. Ob als einzelner Werbebrief oder zusammen mit Flyer, Broschüre & Co.

Doch leider landen viele Mailings ungelesen im Papierkorb. Woran liegt's? An mangelnder Planung, einem schwammigen Konzept und einem Text, der die wahren Kundenwünsche links liegen lässt.

Machen Sie's besser. Gehen Sie Ihren Werbebrief strategisch an und arbeiten Sie sich Schritt für Schritt zum perfekten Ergebnis vor.

Dieses Buch hilft Ihnen dabei.

Vorteile von Werbebriefen

Was bringen Werbebriefe?

Der gute alte Werbebrief – ein Klassiker, auf den viele Unternehmen nach wie vor vertrauen. Und das aus gutem Grund: Sie werben damit zielgenau, sprechen die Kunden persönlich an und müssen vergleichsweise wenig investieren.

Der „schriftliche Verkäufer“ bleibt also ein Fixpunkt in der Werbelandschaft – trotz vieler neuer Werbemedien.

Doch warum setzen so viele Unternehmen auf die persönliche Werbung per Post – vor allem auch in wirtschaftlich schwierigen Zeiten?

Werbebriefe lassen sich flexibel handhaben.

Bei einer Mailing-Aktion müssen Sie nicht erst Anzeigen gestalten lassen oder sich um Sendeplätze für Ihren Radiospot kümmern. Sie haben keinen Ärger mit Druckereien, Grafikern oder Werbeagenturen. Sie brauchen nur ein konkretes Angebot, einen durchdachten Text und ausgezeichnete Adressen. Damit sind Sie schnell startbereit und können flexibel auf Auftragsschwankungen reagieren.

Werbebriefe erhalten ungeteilte Aufmerksamkeit.

Wenn der Empfänger das Mailing liest, bekommen Sie seine ungeteilte Aufmerksamkeit. Niemand – vor allem kein Konkurrent – stört Sie bei diesem schriftlichen Zwiegespräch mit dem potenziellen Kunden. Mit einem gut geschriebenen Brief vermitteln Sie den Nutzen Ihres Angebotes. Bei diesem gedachten Dialog räumen Sie die Einwände und Befürchtungen des Lesers aus dem Weg, genau so, wie Sie es in einem persönlichen Verkaufsgespräch machen würden.

Werbebriefe lassen sich auf ihre Wirkung testen.

Werbebriefe sind mit den verschiedensten Antwortelementen ausgestattet. Deshalb können Sie Ihre Werbebrief-Aktion leicht auf ihren Erfolg hin überprüfen. Werten Sie einfach die Zahl der eingegangenen Antwortkarten aus, der Bestellscheine, Faxantworten oder Anrufe (sofern sie der Mailing-Aktion zuzuordnen sind). Das gleiche gilt für den Produktabsatz vor und nach der Werbebrief-Aktion.

Nachdem der Erfolg gut messbar ist, sind auch Testläufe problemlos möglich. Probieren Sie aus, wie unterschiedlich gestaltete und formulierte Werbebriefe bei Ihren potenziellen Kunden ankommen: Wenn der zweiseitige Werbebrief bei der Testgruppe erfolgreicher ist als der einseitige, dann wissen Sie, welche Version Sie an die gesamte Zielgruppe versenden sollten.

Werbebriefe sprechen den Kunden persönlich an.

Bei einer guten Adressqualität sind die Streuverluste eines Mailings viel geringer als bei TV-Spots oder Anzeigen. Sie können Ihre Zielgruppe sehr genau eingrenzen. Beispiele: Familienhotels mit mehr als 25 Betten oder Gärtnereien mit Schwerpunkt auf exotischen Pflanzen. – So können Sie exakt auf die spezifischen Sorgen und Nöte Ihrer zukünftigen Kunden eingehen. Der Leser fühlt sich von Ihnen erkannt und verstanden.

Außerdem sprechen Sie den Leser eines Werbebriefes mit seinem Namen an. Und weil der Name ein wichtiger Teil der Persönlichkeit ist, liest ihn jeder Mensch gerne und fühlt sich aufgewertet. Der Leser hat das Gefühl, dass es nur um ihn geht – und das ist im schriftlichen Verkaufsgespräch unverzichtbar.

Werbebriefe binden Kunden.

Es kostet Sie bis zu fünfmal mehr, einen neuen Kunden zu gewinnen, als einen bestehenden zu halten. Nutzen Sie deshalb das Direct Mailing zur Kundenbindung. Anlässe dafür gibt's genug, zum Beispiel ein spezielles Weihnachtsmenü nur für Stammgäste oder ein exklusives Fachseminar für langjährige Kunden.

Rufen Sie sich regelmäßig in Erinnerung, indem Sie nützliche Angebote versenden. Wenn sich der Kunde von Ihnen verstanden und unterstützt fühlt, stärkt das seine Bindung an Ihr Unternehmen.

Werbebriefe enthalten konkrete Angebote.

Während Maßnahmen wie Google-Ads oder Unternehmens-Broschüren eher allgemeine Aussagen enthalten, bietet der Werbebrief ein konkretes Angebot, etwa eine Rabatt-Aktion für Stammkunden. Er vermittelt damit einen genau definierten Nutzen.

Außerdem können Sie in einem Werbebrief mehr Informationen einfließen lassen als beispielsweise auf Plakaten. Sie können genügend Infos liefern, um die Einwände und Zweifel des Lesers auszuräumen. Das erreichen Sie, indem Sie geschickt argumentieren, Testimonials anführen oder Fallstudien und Testergebnisse beilegen.

Werbebriefe sind ein aktives Medium.

Mit einem aktiven Medium wie dem Werbebrief gehen Sie direkt auf die Kunden zu. Der Brief vermittelt Dynamik und fordert unmittelbar zur Handlung auf: „Rufen Sie gleich an und vereinbaren Sie einen Beratungstermin." – „Fordern Sie noch heute Ihre persönliche Info-Mappe an." Andere Werbemedien wie beispielsweise Anzeigen hingegen sind eher passiv. Sie warten darauf, von der Zielgruppe wahrgenommen zu werden.

Werbebriefe sind einfach und direkt.

Der Werbebrief ist ein sehr einfaches und unmittelbares Werbemedium. Das heißt, im Vergleich zur Online-Werbung braucht der Empfänger keinen Internetzugang, er muss sich nicht erst einloggen, um die Werbung zu sehen. Er muss auch nicht erst ein Magazin kaufen, damit Sie ihn über eine Anzeige erreichen. Sie gelangen ohne Umwege zur Zielgruppe, vor allem auch zu jenen Kundengruppen, die keinen Zugang zu Internet oder speziellen Zeitschriften haben.

Werbebriefe besitzen eine hohe Wertigkeit.

Briefe haben in unserer Kultur nach wie vor eine hohe Wertigkeit. Das heißt: Sachlich und seriös gestaltete Werbebriefe ähneln wichtigen Geschäftsbriefen und erhalten dadurch die Aufmerksamkeit des Empfängers. Das gleiche gilt für Werbebriefe, die durch Sonderbriefmarken, hochwertiges Papier oder eigenhändige Unterschrift signalisieren: Der Empfänger ist dem Absender einiges an Aufwand wert, also geht es um ein interessantes Angebot.

Werbebriefe sind beständig.

Auch wenn Sie sich eine schnelle Reaktion des Empfängers wünschen – Tatsache ist: Der Leser Ihres Werbebriefes muss sich nicht sofort für Ihr Angebot entscheiden. Er kann sich Ihre Argumente ohne Kaufdruck durch den Kopf gehen lassen und sich mit der Kontaktaufnahme Zeit lassen.

Das macht einerseits ein telefonisches oder briefliches Nachfassen nötig, ist aber auch vorteilhaft für Sie. Denn auch wenn Ihr Adressat Ihr Produkt gerade nicht benötigt – wenn er es interessant genug findet, wird er den Werbebrief aufbewahren. Wenn dann tatsächlich Bedarf entsteht – nach Wochen oder Monaten –, wird er auf Sie zukommen.

FAZIT

Diese Vorteile machen einen gut durchdachten Werbebrief zu einem schlagkräftigen Marketing-Instrument. Wenn Sie Ihre Mailing-Aktion sauber planen, haben Sie die besten Chancen auf neue Kunden. Und das gilt für alle Branchen – vom internationalen Versandhaus bis zum Installateur nebenan.

Wozu eignen sich Mailings?

Wann sich ein Werbebrief lohnt.

Das Schöne an Mailings: Es gibt genügend Anlässe, einen Brief zu versenden – ob mit oder ohne Beilage.

Und: Es muss dabei nicht immer ums Verkaufen gehen oder um das Akquirieren von neuen Kunden.

Mit Mailings können Sie auch informieren, über kostenlose Verbesserungen im Service berichten, zu interessanten Veranstaltungen einladen oder sich ganz einfach bei neuen und alten Kunden bedanken.

Auf diese Weise rufen Sie sich angenehm und abseits von reinen Verkaufsabsichten in Erinnerung – und das tut der Kundenbindung gut.

Hier einige Anregungen:

TIPPS

Für Aktionen.

Der klassische Anlass für Werbebriefe sind attraktive Aktionen für neue und alte Kunden, für Frühbucher, Schnäppchenjäger usw.:

- Schlussverkäufe
- Rabattaktionen
- Wettbewerbe
- Gewinnspiele
- Umfragen
- Kombi-Angebote
- saisonale Anlässe (Weihnachten, Erntezeit, Schulbeginn etc.)
- Sonderangebote

Für Neuerungen.

In einem Unternehmen gibt es ständig Neuerungen, die für Kunden interessant sind und die Sie auch perfekt dafür nutzen können, sich brieflich in Erinnerung zu rufen:

- Wechsel in der Geschäftsführung
- Ausscheiden des Seniorchefs
- neue Ansprechpartner
- Umzug
- neue Kataloge/Prospekte/Broschüren/Webseiten
- neue Produkte und Services
- neue Kontaktdaten
- neue Preise
- neue Garantien

Für Veranstaltungen.

Sie planen eine Veranstaltung? Dann laden Sie per Brief und Antwortkarte dazu ein:

- Tag der offenen Tür
- Betriebsfest
- Filialeröffnungen
- Seminare/Vorträge
- Produktvorführungen
- Hausmessen

Für Stammkundenpflege.

Kunden, die regelmäßig bei Ihnen einkaufen, sollten Sie besonders zuvorkommend behandeln:

- Geburtstagsglückwünsche
- Treuegeschenk
- Prämie für Weiterempfehlungen
- Kundenjubiläum
- Meinungsumfrage

FAZIT

Anlässe für Werbebriefe, mit denen Sie neue und bestehende Kunden informieren und ihnen interessante Angebote machen können, finden sich immer. So können Sie nicht nur Ihren Umsatz steigern, sondern auch die Bindung zu Ihrem Unternehmen vertiefen. Doch finden Sie dabei das rechte Maß und beglücken Sie Ihre Zielgruppe nicht zu oft mit einem Werbebrief.

Tipps fürs Texten

Worum geht‘s

Ihr Werbebrief muss angenehm zu lesen sein, sympathisch und überzeugend klingen und auch optisch leicht erfassbar sein.

Denn Sie dürfen nie vergessen: Der Leser hat nicht auf Ihren Brief gewartet, er ist im Prinzip eine Störung seines Alltags.

Machen Sie deshalb die Brieflektüre so einfach und bequem wie möglich – die folgenden Tipps helfen Ihnen dabei.

Der optimale Schreibstil

Kommen Sie auf den Punkt und mäandern Sie nicht herum.

„Ein Mailing ist ein schriftliches Verkaufsgespräch" – dieser Satz impliziert schon alles, was Sie beim Formulieren beachten sollten.

Das heißt: Sprechen Sie in Ihrem Werbebrief von Mensch zu Mensch. Dozieren Sie nicht, überschütten Sie den Leser nicht mit einem unverständlichen Wortschwall, versuchen Sie nicht, durch Fachwörter zu beeindrucken.

Texten Sie stattdessen klar, einfach, selbstbewusst, positiv, respektvoll und aus der Perspektive des Kunden.

Wie das geht, zeigen Ihnen die folgenden Tipps:

TIPPS

Kurz.

Kurze Wörter: Bevorzugen Sie einfache Wörter mit durchschnittlich zwei Silben. Schreiben Sie zum Beispiel „nur" statt „lediglich", „Rabatt" statt „Preisreduktion" oder „oft" statt „mehrere Male".

Kurze Sätze: Der Leser versteht kurze Sätze – bis etwa 13 Wörter – besser und schneller. Trennen Sie deshalb lange Sätze in überschaubare Einheiten. Doch Vorsicht: Übertreiben Sie es nicht, denn eine Kette aus ultrakurzen Sätzen wirkt zu gehetzt.

Finden Sie die richtige Mischung für ein angenehmes Lesetempo. Sprechen Sie Ihre Sätze einfach mal laut vor sich hin und beobachten Sie, wie es um Verständlichkeit und Geschwindigkeit bestellt ist. Und fügen Sie – wenn nötig – zu kurze Sätze wieder zusammen.

Kurze Absätze: Lange Textelemente, die sich über mehr als sechs Zeilen ziehen, überfordern den Leser schon rein optisch.

Er verbindet dann mit der Lektüre Ihres Werbebriefes Arbeit und Anstrengung – und beides wirkt nicht sehr einladend. Halten Sie deshalb Ihre Absätze übersichtlich und bringen Sie maximal ein Argument pro Absatz.

Dynamisch.

Vergleichen Sie mal:

Die Durchführung der Anmeldung erfolgt über die beiliegende Antwortkarte.

und

Melden Sie sich mit der beiliegenden Antwortkarte an.

Die erste Variante klingt schwerfällig, getragen und unnötig aufgebläht. Die zweite Variante ist klar, dynamisch und schon beim ersten Durchlesen problemlos verständlich.

Vermeiden Sie daher Substantivierungen – also Nomen, die von Zeitwörtern abgeleitet sind und typischerweise auf folgende Silben enden:

-keit
-ung
-ion
-ät
-heit
-ismus

Dröseln Sie diese Hauptwörter auf, verwenden Sie stattdessen die entsprechenden Verben.

Bildhaft.

Ein guter Text ist nicht nur leicht erfassbar, sondern berührt die Sinne und erzeugt damit starke Bilder im Kopf des Lesers. Und zwar solche, die positive, vertraute und verkaufsfördernde Gefühle auslösen oder an angenehme Erinnerungen und Erlebnisse anknüpfen.

Übersetzen Sie also abstrakte Begriffe oder Fremdwörter in eine bildhafte Sprache, nutzen Sie unverbrauchte Redewendungen, suchen Sie nach treffenden Metaphern, beschreiben Sie die Dinge so anschaulich wie möglich.

Beispiele:

statt: Wiese voller Sommerblumen
alternativ: Wiese mit Margeriten, Glockenblumen und Löwenzahn

statt: Auto
alternativ: Sportwagen, Oldtimer, Stadtflitzer …

statt: etwas aufdecken
alternativ: Lichts ins Dunkel bringen

statt: sofort
alternativ: im Handumdrehen

statt: etwas meistern
alternativ: etwas in den Griff bekommen

Aktiv.

„Es wird dafür gesorgt werden, dass die Lieferung so schnell wie möglich zu Ihnen gebracht wird." Ähm – was?

Träge und schwer verständlich – so lesen sich die meisten Passivkonstruktionen. Außerdem wirken sie distanziert und unpersönlich. Schreiben Sie also lieber „Wir liefern so schnell wie möglich". So kommen Sie dynamischer, motivierter und freundlicher rüber.

Positiv.

Der berühmte rosarote Elefant: Wenn man Ihnen sagt, Sie sollen sich keinen rosa Dickhäuter vorstellen – woran denken Sie dann? Genau.

Beim Werbetexten ist es ähnlich: Wenn Sie den Kunden darauf hinweisen möchten, dass mit seiner Bestellung eben „kein Risiko" verbunden ist, denkt der Kunde trotzdem sofort an Gefahr. Warum? Weil wir negative Aussagen langsamer verarbeiten als positive – ein Stolperstein für jeden Verkaufstext.

Prüfen Sie daher bei Formulierungen mit „kein“, „nicht“ oder „un-“ immer, ob Sie den Ausdruck ins Positive umwandeln können.

Also zum Beispiel:

statt: keine Schwierigkeit
besser: einfach

statt: ohne Aufwand
besser: leicht, bequem

statt: risikolos
besser: sicher, garantiert

statt: Zögern Sie nicht.
besser: Nutzen Sie diese Chance.

statt: uneingeschränkt
besser: umfassend, für alle(s)

Selbstbewusst.

„Wir möchten Sie gerne über weitere Einzelheiten informieren.“ Warum so zaghaft?

Werden Sie ruhig direkter: „Wir informieren Sie gerne über weitere Einzelheiten.“ Das wirkt doch gleich selbstbewusster und zielgerichteter.

Also: Verbannen Sie Hilfsverben und die Möglichkeitsform (Konjunktiv) so weit wie möglich aus Ihrem Brieftext. Warum? Diese Zeitwörter sind blutleer und erzeugen keine Bilder im Kopf Ihrer Leser. Sie blähen den Text unnötig auf und wirken alles andere als aktiv, stark und direkt.

Setzen Sie die folgenden Wörter nur wohldosiert ein:

- würden
- sollen
- wollen
- dürfen
- müssen
- möchten

Verständlich.

Der übermäßige Gebrauch von Fach- und Fremdwörtern zeugt nicht von Kompetenz, sondern von mangelnder Kundenorientierung. Denn der Text Ihres Werbebriefes sollte „runtergehen wie Öl"; der Leser soll Ihren Brief mühelos verstehen. Das gilt ebenso für den B2B-Bereich – auch Fachleute freuen sich über leicht lesbaren Text.

Denken Sie immer daran: Ihr Adressat will sich beim Lesen nicht anstrengen. Schließlich kommt Ihr Werbebrief unverlangt und platzt in den stressigen Alltag – wenn der Leser dann auch noch schwierige Wörter wie „Kompatibilitätsanalyse" oder „Innovationstreiber-Management" liest, kostet ihn das Verstehen einfach zu viel wertvolle Energie.

Schreiben Sie daher so einfach wie möglich, haben Sie keine Angst, inkompetent zu wirken. Ersetzen Sie Fremdwörter durch den deutschen Ausdruck – der Leser versteht ihn sofort und erhält ein plastisches, erinnerbares Bild.

Ein paar Beispiele:

- Lage statt Situation
- untersuchen statt analysieren
- Werkzeuge statt Tools
- Aussichten statt Perspektiven
- einbauen statt installieren

Auch Abkürzungen machen Ihren Text schwerer verständlich – vor allem, wenn es sich um firmeninterne Kürzel handelt. Nicht jeder Arzt weiß zum Beispiel, dass es sich bei „PUV" um eine „Praxisunterbrechungs-Versicherung" handelt. Was in Ihrer Branche ein gängiges Kürzel ist, muss Ihrer Zielgruppe nicht unbedingt geläufig sein.

Konkret.

Zeigen Sie dem Leser so deutlich wie möglich, was er von Ihrem Produkt zu erwarten hat. Konkretisieren Sie vage Aussagen, erklären Sie, was eine „maximale Ersparnis", eine „höhere Verfügbarkeit“ oder eine „gesteigerte Effizienz“ für den Kunden bedeuten.

Nennen Sie Zahlen, bringen Sie Vergleiche, führen Sie Fallbeispiele und Testimonials an. Schreiben Sie besser „48 Prozent“ statt „fast 50 Prozent“. So führen Sie dem Leser seinen Nutzen so deutlich wie möglich vor Augen. Und allein dadurch haben Sie Ihrer Konkurrenz einiges voraus.

Aussagekräftig.

Was einem lebendigen Text außerdem nicht gut tut: „tote Verben“. Das sind blasse, sperrige, ausdruckslose Zeitwörter, die Sie besser durch treffendere Ausdrücke ersetzen.

Zum Beispiel:

- sich befinden
- aufweisen
- erfolgen
- durchführen
- vornehmen
- unterziehen

Schreiben Sie zum Beispiel statt „Die Immobilie befindet sich am nördlichen Seeufer“ besser „Die Immobilie liegt am nördlichen Seeufer“. Oder statt „Wir unterziehen die Gemüseproben einer Untersuchung“ besser „Wir untersuchen die Gemüseproben“.

„Sie“ statt „wir“.

Leserorientiert statt egozentrisch – so sollten Sie Ihren Werbebrief ausrichten. Das heißt: Formulieren Sie aus der kundenbezogenen „Sie“-Perspektive. Denn wenn Sie ständig von „ich“ und „wir“ (im Sinne von „unser Unternehmen“) sprechen, wenn Sie immer nur von Ihren Leistungen erzählen und Ihre Kompetenz herausstellen – wo bleibt da Ihr Kunde?

Riskieren Sie nicht, dass sich der Leser überflüssig und unhöflich behandelt vorkommt und Ihr Mailing weglegt. Stellen Sie ihn und seine Wünsche in den Mittelpunkt und ersetzen Sie

„Ich"- und „Wir"-Botschaften so oft wie möglich durch „Sie"-Formulierungen.

So fühlt sich der Leser in seinen Bedürfnissen erkannt, respektvoll behandelt und hört Ihnen zu, sprich liest Ihren Brief. Und wird dadurch auch offener für Ihre Verkaufsbotschaft.

Zum Beispiel:

statt: Wir freuen uns auf Ihren Besuch.
besser: Kommen Sie doch einfach vorbei.

statt: Wir schicken Ihnen gerne unseren neuesten Katalog.
besser: Fordern Sie unseren neuesten Katalog an.

statt: Wir sind stolz auf unsere umfassende Produktpalette.
besser: Bei uns finden Sie alles, was Sie für Ihre Gartenarbeit brauchen.

FAZIT

Schnell erfassbar, leicht zu verstehen: So sollte Ihr Brieftext formuliert sein. Denn Ihr Werbebrief erreicht den Adressaten unverlangt; die Lektüre kostet wertvolle Zeit. Kommen Sie dem Leser deshalb entgegen und präsentieren Sie Ihre Botschaft so eingängig wie möglich.

SPEZIALTIPP

Denken Sie an einen Freund.

Ein Werbebrief ist kein amtliches Schreiben und keine Doktorarbeit. Ein Werbebrief muss verkaufen – nicht mehr und nicht weniger. Verfassen Sie deshalb Ihr Werbeschreiben in einer leicht verständlichen, aber dennoch nicht plumpen Alltagssprache.

Ein Tipp dazu: Denken Sie beim Schreiben nicht an eine anonyme Masse von möglichen Kunden. Stellen Sie sich einfach vor, Sie schreiben an einen Freund oder Nachbarn. So fällt es Ihnen leichter, lebensnahe und knackige Formulierungen zu finden.

ZITAT ZUM THEMA

„Etwas verstehen ist ein Erfolgs-Erlebnis für den Menschen. Der Leser quittiert jeden verstandenen Satz mit einem inneren JA. Aber jeder unverständliche Satz gibt ihm ein NEIN-Signal. Sobald die NEINs überwiegen, hört er zu lesen auf.“

Hager, Reiner: So schreibt man Briefe, die verkaufen. Der sichere Weg zu erfolgreichen Werbebriefen. Landsberg am Lech, 1989, S. 67.

Magische Worte

Mit Worten verführen.

Kennen Sie die „Zauberworte" der Werbesprache? Das sind jene Signalwörter, die einen starken Reiz auf den Leser ausüben – Worte wie „neu", „gratis" oder „Garantie".

Diese Begriffe sprechen die zentralen Kaufmotive der Menschen an: den Wunsch nach Sicherheit, nach Zeitersparnis, nach Anregung, nach Prestige etc. Auf diese Weise ist diesen Signalwörtern die Aufmerksamkeit des Adressaten sicher.

Verwenden Sie deshalb diese Wörter auch in Ihrem Mailing. Versuchen Sie nicht auf Biegen und Brechen, diese Ausdrücke durch unverbrauchte Wendungen zu ersetzen. Verlassen Sie sich lieber auf die bewährte Wirkung der magischen Werbeworte – sie beeinflussen unser Denken und Handeln und sind uns vertraut. Und Vertrautes verkauft meist besser.

Hier einige der wichtigsten „Magic Words":

TIPPS

Neu.

Manche Menschen wollen immer Erster sein: Sie greifen sofort bei der Produktvorstellung zu, reservieren sich das neueste Modell ihres bevorzugten Autobauers und möchten die Nase in jeder Hinsicht vorne haben. Hier übersteigt die Lust auf Neues und das Bedürfnis nach Sozialprestige die Angst vorm Risiko. Beispiele: „Lernen Sie unser neues Webdesign-Coaching kennen" – „Neu: Gartenmöbel aus Kork".

Garantie.

Kaufen ist immer mit Unsicherheit verbunden. Und Unsicherheit führt zu Ängsten und Blockaden. Umgehen Sie diese Kaufhindernisse und bieten Sie eine großzügige Garantie. So vertraut Ihnen der Leser schneller – und das macht einen Kauf bzw. eine

Kontaktaufnahme wahrscheinlicher: „garantiert 100 % bio“ – „Geld-zurück-Garantie“ – „garantierter Lernerfolg“.

Einfach.

„Einfach anrufen und bestellen“ – „So geht Bloggen ganz einfach“ – „Einfach und schnell zu Ihrem Traumhaus“: Wir alle sind auf der Suche nach einfachen Lösungen und Prozeduren – zeigen Sie dem Leser deshalb, wie unkompliziert und rasch er zu seinem gewünschten Ergebnis kommt.

Sie/Ihr.

Schreiben Sie aus der Perspektive des Lesers. Sprechen Sie mit dem Adressaten, betonen Sie seine Vorteile und machen Sie ihm ein persönliches Offert. Das heißt: Schreiben Sie zum Beispiel statt „Bestellen Sie jetzt das Willkommenspaket“ besser „Bestellen Sie jetzt Ihr Willkommenspaket“.

Sicher.

Das Sicherheitsbedürfnis der meisten Menschen ist sehr stark. Nutzen Sie diesen Umstand und signalisieren Sie dem Leser, dass er ohne Risiko mit Ihnen Geschäfte machen kann und dass er seine Ziele mit Ihren Produkten ohne Probleme erreichen kann. Beispiele: „Der sichere Weg zu Ihrem Eigenheim“ – „So kommt Ihr Kind sicher in die Schule“ – „Gehen Sie auf Nummer sicher und nutzen Sie unsere Geld-zurück-Garantie“.

Erfolg/Gewinn.

Die meisten von uns möchten im Leben vorankommen, erfolgreich sein, mehr Gewinn aus unseren Unternehmungen herausholen. Vor allem im B2B-Bereich sind Wörter wie „Gewinn“ oder „Erfolg“ wirksame Reizwörter: „So steigern Sie Ihren Gewinn“ – „Für mehr Erfolg in der Chefetage“ – „Starten Sie in ein erfolgreiches Berufsleben“.

Kostenlos, gratis.

Diese Wörter gehören zu den kraftvollsten Begriffen der Werbesprache. Fügen Sie sie (wohldosiert!) in Ihr Mailing ein und die Aufmerksamkeit der Leser ist Ihnen sicher. Zum Beispiel: „Bestellen Sie jetzt Ihren persönlichen Firmenstempel und erhalten Sie ein X-Large-Stempelkissen gratis dazu!"

Jetzt.

„Jetzt anmelden" – „Jetzt minus 30 %!" – „Bestellen Sie jetzt": Das Wort „jetzt" suggeriert dem Leser, dass er eigentlich nur auf Ihr Angebot gewartet hat und sofort zugreifen sollte.

Sparen.

Man muss kein Pfennigfuchser sein, um sich über ein unverhofftes Schnäppchen oder eine neue Einsparmöglichkeit zu freuen. Jeder von uns will sparen – das betrifft Geld ebenso wie Zeit.

Teilen Sie Ihrem Leser daher mit, was und wie viel er mit Ihrem Produkt oder Ihrem Service sparen kann. Und sagen Sie ihm auch, was er dafür tun muss. Zum Beispiel: „Jetzt buchen und 15 % sparen!"

FAZIT

Profitieren Sie von der erprobten Signalwirkung bestimmter Reizwörter. So machen Sie auf Ihr Angebot aufmerksam und bauen Kaufhemmnisse ab. Verwenden Sie diese Worte jedoch wohlüberlegt und übertreiben Sie es nicht – ein mit Reizwörtern vollgepackter Brief wirkt billig, unglaubwürdig und stößt den Leser ab.

ZITAT ZUM THEMA

„Often operating under the mistaken notion that the mission of the copywriter is to be creative, advertisers sometimes avoid the magic words of direct mail. They think the phrases are clichés. But clichés are familiar and people become engaged by the familiar.“

Lima, Paul: Copywriting That Works: Bright Ideas to Help You Inform Persuade, Motivate and Sell. o.O., 2011, S. 97.

Aufzählungen

Listen nutzen, Überblick schaffen.

Brechen Sie verdichtete Textblöcke auf, gestalten Sie Ihren Werbebrief leicht und luftig: Stichwortartige Aufzählungen helfen Ihnen dabei. Und haben Sie keine Angst, dass dadurch Informationen verlorengehen oder Sie den Adressaten abschrecken – das Gegenteil ist der Fall: Ihre Leser werden sich lieber mit Ihrem Brief beschäftigen, denn er signalisiert: „Ich bin leicht verdaulich".

Die Vorteile von Aufzählungen:

Sie entsprechen dem Leseverhalten der Adressaten.

Der Empfänger überfliegt zuerst Ihren Werbebrief, er „scannt" ihn auf wichtige und interessante Infos – und das innerhalb weniger Sekunden. Aufzählungen kommen diesem Wahrnehmungsmuster entgegen.

Sie lassen sich leicht lesen.

Eine Liste mit vier, fünf Punkten liest sich einfacher als lange Absätze und Ihre Verkaufsargumente stechen deutlicher hervor.

Sie benötigen keine Übergänge.

Wenn Sie Ihren Brief in Absätze gliedern, brauchen Sie einen geschmeidigen Übergang zwischen Ihren Argumenten – einen roten Faden, wohl formulierte Verbindungssätze. Bei Aufzählungen müssen Sie nicht auf diesen Fluss achten.

Dazu einige Überlegungen:

Aufzählungen statt Fließtext.

Stichworte statt Textblöcke – der optische Unterschied ist unübersehbar:

Unser Seminarhaus bietet für jeden etwas: Es liegt am Waldrand, umgeben von Wiesen und Feldern. Nicht weit entfernt findet sich ein Weiher, der auch als Badeteich genutzt werden kann. Unser Haus hat 10 Doppel- und 8 Einzelzimmer; die Seminarräume umfassen 60 bzw. 90 qm. Im Haus finden sich außerdem eine Sauna, eine gemütliche Stube mit offenem Kamin und ein Ruheraum, der nach Feng Shui eingerichtet ist.

Eher anstrengend zu lesen, oder? Außerdem handelt es sich hier um reine Daten und Fakten, die sich problemlos auch als Stichworte darstellen lassen:

Unser Seminarhaus im Überblick:

- zwei Seminarräume zu 60 bzw. 90 qm
- 10 Doppel- und 8 Einzelzimmer
- Sauna, Kaminstube, Feng-Shui-Ruheraum
- am Waldrand gelegen, Badeteich

Vorteile statt Eigenschaften.

Falls Sie die Kundenvorteile noch nicht im Fließtext angeführt haben: Gehen Sie noch einen Schritt weiter und zählen Sie nicht nur die Produktmerkmale auf, sondern übersetzen Sie sie in Kundenvorteile und -nutzen.

Beispiel Online-Textagentur für Werbebriefe:

Unser Angebot:

- Textbestellung per Internet
- schnelle Texterstellung
- fixe Preise

Diese Liste lässt sich zwar optisch leicht erfassen und ist auch gut verständlich – nur: Sie macht dem Leser nicht klar, woraus im Endeffekt seine Vorteile bestehen.

Diese Version könnte so aussehen:

Ihre Vorteile:

- Sie bestellen Ihren Text bequem übers Internet – so sparen Sie Zeit und Geld.

- Sie erhalten Ihren Werbebrief nach 10 Stunden – und schon können Sie Ihre Mailingaktion starten.

- Sie profitieren von fixen Preisen – so können Sie Ihr Mailingbudget exakt planen.

FAZIT

Denken Sie immer daran: Beim Werbebrief geht es nicht darum, den Adressaten mit Informationen zu überschütten und möglichst viel Text in eine A4-Seite zu pressen. Es geht darum, dem Leser leicht verständliche, schnell erfassbare und überzeugende Vorteile zu liefern – und dazu eignen sich Aufzählungen besonders gut.

Achten Sie jedoch darauf, nicht zu viele Aufzählungen zu verwenden – sonst ähnelt Ihr Mailing eher einem nüchternen Datenblatt als einem persönlichen Brief.

Hervorhebungen

Den Leser grafisch anleiten.

Wenn Sie einzelne Textteile grafisch hervorheben, bieten Sie dem Leser optische Ankerpunkte. Sie erleichtern ihm das Scannen; er versteht schneller, worum's in Ihrem Brief geht und erkennt rascher, ob Ihr Angebot für ihn interessant ist.

Neben kurzen Absätzen, linksbündigem Flattersatz und Serifenschrift sind Hervorhebungen damit ein wichtiger Bestandteil der Lesefreundlichkeit Ihres Mailings.

Eine Empfehlung vorab: Nutzen Sie nur eine Art der Textmarkierung und setzen Sie sie sparsam ein, um den Leser nicht unnötig zu verwirren.

TIPPS

Fett und farbig bevorzugen.

Hervorhebungen in Fettschrift oder mit farbiger Unterlegung springen ins Auge und sind dennoch leicht lesbar. Deshalb sollten Sie diese Form der Textauszeichnung bevorzugen.

Unterstrichen und kursiv vermeiden.

Die Nachteile von unterstrichenem Text: Er lässt sich bei einfachem Zeilenabstand schwer lesen. Außerdem kann es passieren, dass der Adressat unterstrichenen Text (unbewusst) mit einem Hyperlink gleichsetzt – und das stört den Lesefluss.

Auch bei Kursivschriften hapert es mit der Leserlichkeit – verzichten Sie lieber darauf. Dasselbe gilt für Großbuchstaben und gesperrt gesetzten Text.

Gezielt einsetzen.

Heben Sie nur wichtige Inhalte und Schlüsselbegriffe hervor, nicht ganze Sätze oder gar Absätze. Je dosierter Sie die Markierungen einsetzen, umso stärker wirken sie – eine Hervorhebung pro Absatz ist optimal.

Zum Beispiel bei

- Überschrift
- wichtigen Daten (wie Seminartermine oder Sonderpreise)
- Nutzen
- PS

Und: Achten Sie darauf, dass die betonten Textteile aussagekräftig, positiv und lösungsorientiert sind. Ideal ist es außerdem, wenn sich die markierten Textpassagen in einer Zeile befinden, also keinen Umbruch aufweisen.

FAZIT

Mit grafischen Akzenten führen Sie den Leser durch den Brief und teilen ihm Ihre wichtigsten Botschaften mit. Seien Sie mit den Hervorhebungen jedoch sparsam – ein Kuddelmuddel aus Farben, Unterstreichungen und verschiedenen Schriftarten verwirrt den Leser nicht nur, sondern wirkt billig und unprofessionell.

Tipps fürs Konzept

Worum geht's

Ein gutes Konzept ist der halbe Mailing-Erfolg. Texten Sie deshalb nicht einfach drauf los, sondern machen Sie sich zunächst grundlegende Gedanken:

Wer ist überhaupt Ihre Zielgruppe? Was erwartet sie sich, warum kauft sie Ihr Produkt? Was sind die stärksten Vorteile Ihres Angebots? Was legen Sie Ihrem Werbebrief bei – einen Flyer oder eine ganze Broschüre? Wie platzieren Sie Ihre Verkaufsargumente so, dass der Leser gleich beim ersten Scannen auf sie aufmerksam wird?

Machen Sie sich zu diesen Fragen erste Notizen, skizzieren Sie den Briefaufbau, sammeln Sie Produktvorteile. So fällt Ihnen das Formulieren dann viel leichter.

Verkaufen per Brief

Ihr Mailing als stummer Verkäufer.

Das Mailing ist nicht irgendein Infoblatt. Es ist ein schriftlicher Verkäufer, der an Ihrer Stelle mit dem potenziellen Kunden spricht – und zwar in Dialogform.

Und daran sollte sich auch Ihr Text ausrichten. Er muss – wie in einem persönlichen Verkaufsgespräch – dem Leser Ihr Angebot schmackhaft machen und gleichzeitig kaufhemmende Zweifel und Ängste aus dem Weg räumen.

Ihr Werbebrief sollte deshalb die wichtigsten Inhalte eines guten Verkaufsgespräches abbilden: die (unausgesprochenen) Einwände und Fragen des Lesers beantworten, den Kundennutzen klar hervorheben, zum Handeln auffordern. Wie in einem persönlichen Gespräch folgen Sie in Aufbau und Text den Gedanken des Lesers und formulieren Argumente, die den Leser zum Reagieren bringen – ob er nun ein Produkt bestellt, sich für Ihr Seminar anmeldet oder Ihre Filialeröffnung besucht.

Dazu müssen Sie allerdings wissen, was Ihr Leser denkt:

TIPPS

Fragen eruieren.

Sobald sich Ihr Leser mit Ihrem Brief beschäftigt, entstehen eine Reihe von unausgesprochenen Fragen in seinem Kopf. Und die können durchaus unterschiedlich ausfallen: Stammkunden haben andere Fragen als Neukunden; Verbraucher wollen andere Dinge wissen als Geschäftskunden und natürlich hat auch jede Branche ihren speziellen Informationsbedarf.

Doch es gibt eine Reihe von Fragen, die unabhängig von der Zielgruppe immer wieder auftauchen:

- Was bringt's mir, wenn ich den Brief lese?
- Trifft das mein Problem?

- Wie kann ich es lösen?
- Welche Vorteile bietet mir das?
- Bietet dieses Angebot mehr als andere?
- Wer beweist mir das?
- Kann ich dem vertrauen?
- Wie kann ich mich selbst überzeugen?
- Was kostet das?
- Ist die Sache ihr Geld wert?
- Gehe ich irgendein Risiko ein?
- Muss ich mich lange binden?
- Welche Konsequenzen zieht der Kauf nach sich?
- Was soll ich tun, um das Angebot zu nutzen?

Quelle: Hager, Reiner: So schreibt man Briefe, die verkaufen. Der sichere Weg zu erfolgreichen Werbebriefen. Landsberg am Lech, 1989, S. 20.

Welche Fragen speziell Ihre Zielgruppe beantwortet haben will (Produktfragen), können Sie leicht herausfinden, indem Sie Ihre Kundenanfragen durchforsten, mit Ihrem Vertrieb, Ihrer Hotline, Ihrer Servicemannschaft sprechen. So stellen Sie sicher, dass Sie die zentralen Unklarheiten zu Produkt, Preis, Lieferbedingungen, Garantien etc. im Brief beantworten und damit den schriftlichen Verkaufsdialog in Fluss halten.

Einige Beispiele für Produktfragen:

- Woraus besteht das Produkt?
- Wer liefert es?
- Wer installiert es?
- Wer repariert es?
- Wer schult mich ein?
- Wie sieht der Service aus?
- Wie lange gibt es Garantie?
- Kann ich das alte Produkt eintauschen?
- Gibt es Testergebnisse, Prüfsiegel?
- Was kostet es, gibt es Rabatte?
- Wo gibt es Niederlassungen des Anbieters?
- Wie erfahren ist der Anbieter?

Antworten bieten.

Ein Beispiel: Wenn Ihr Mailing neue Kunden gewinnen soll, dann ist wahrscheinlich die Leserfrage „Kann ich dem Anbieter vertrauen?“ bedeutender als bei Briefen an Stammkunden. Beantworten Sie diese Frage, indem Sie Testimonials bringen, auf Testergebnisse hinweisen oder Auszeichnungen anführen.

Noch ein Beispiel: Wenn Sie als Hersteller einen Brief an Händler versenden, werden sich diese stark für Preise und Rabatte interessieren und hier ihren Vorteil suchen. Argumentieren Sie deshalb lieber mit Preisgarantien, Beispielrechnungen und Gewinnprognosen anstatt mit Aussagen von zufriedenen Kunden.

Einwände zerstreuen.

In Ihrem schriftlichen Verkaufsgespräch müssen Sie nicht nur Leserfragen vorausahnen und beantworten, sondern auch Bedenken und Zweifel ausräumen. Auch diese Einwände kennen Sie aus dem persönlichen Kundenkontakt bzw. aus Gesprächen mit Ihren Vertriebsleuten.

Beispiele:

- Das Produkt ist zu teuer.
- Das Produkt ist zu kompliziert.
- Wir sind mit unserem aktuellen Lieferanten sehr zufrieden.
- Es ist unklar, ob sich das Produkt überhaupt rechnet.
- Ein Produkt-/Anbieterwechsel ist viel zu aufwändig.
- Ich bin nicht interessiert.
- Warum soll der Service besser als unsere jetzige Lösung sein?

Entkräften Sie diese Bedenken, indem Sie

- auf besondere Garantie-Bestimmungen hinweisen
- konkrete Zahlen bei Einsparungen nennen
- das günstige Preis-/Leistungsverhältnis betonen
- auf die kurze Amortisationsdauer verweisen
- mögliche Einsparungen anhand von Beispielrechnungen verdeutlichen
- Testimonials anführen
- kostenlose Testversionen oder Beratungsgespräche anbieten

FAZIT

Ihr Mailing ist keine kommunikative Einbahn. Erzählen Sie dem Leser nicht monologartig, wer Sie sind („Wir sind ein mittelständischer Betrieb am Chiemsee und haben 250 Mitarbeiter"), was Sie anbieten („Wir offerieren Ihnen unser neues XY-Modell, das mit A, B und C ausgestattet ist") und was das kostet („Wir bieten Ihnen das Produkt um 235.- Euro an").

Wenn Sie immer nur von sich reden, bleibt der Adressat außen vor und wird Ihren Brief gelangweilt beiseitelegen.

Versetzen Sie sich in die Lage des Lesers und finden Sie heraus, welche Fragen und Bedenken er hat. Aus dieser kundenorientierten Perspektive fällt es Ihnen leichter, überzeugend zu argumentieren und beim Kunden das Gefühl auszulösen: „Endlich mal ein Anbieter, der mich versteht und weiß, wo mich der Schuh drückt."

ZITAT ZUM THEMA

„Wenn man wichtige Grundfragen nicht beantwortet, bleibt der Dialog stecken, genauso wie im persönlichen Gespräch."

Vögele, Siegfried: Das Verkaufsgespräch per Brief und Antwortkarte. Heidelberg, 2002, S. 176.

Der grobe Rahmen

Sie brauchen einen Plan.

Texten Sie nicht einfach drauf los – Sie gehen schließlich auch nicht planlos in ein Verkaufsgespräch. Ob schriftlicher oder persönlicher Verkaufsdialog: Sie müssen wissen, wo die Reise hingeht, worauf Sie abzielen, mit wem Sie sprechen und was Ihr Gegenüber bewegt.

Erst dann können Sie überzeugend argumentieren, erst dann treffen Sie den Nerv des potenziellen Kunden, erst dann verläuft das Gespräch wie gewünscht.

Deshalb: Machen Sie sich in aller Ruhe Gedanken über das Ziel Ihres Mailing und über Ihre Zielgruppe. Formulieren Sie stichwortartig die drängendsten Probleme Ihrer Kunden, überlegen Sie, wie Ihr Produkt bei der Problemlösung hilft, welche Vorteile es hat, welchen Nutzen es bringt.

Machen Sie sich in dieser Phase nur erste, grobe Notizen, sammeln Sie Argumente und gewichten Sie sie. Die Feinarbeit kommt später.

Dazu einige Empfehlungen:

TIPPS

Welches Problem beschäftigt den Leser?

Wo drückt Ihre Zielgruppe der Schuh? Was bekümmert sie, was ärgert sie, wo gibt es Engpässe? Welches Problem können Sie mit Ihrem Angebot lösen?

Das kann zum Beispiel der Facharbeitermangel bei mittelständischen Metallbetrieben sein, dem Sie mit Ihrer Personalberatungsfirma entgegenwirken können. Oder das fehlende Knowhow von exportwilligen Firmen, denen Sie mit Ihrem Expertenwissen unter die Arme greifen können.

Führen Sie sich die Ausgangslage Ihrer Zielgruppe bildhaft vor Augen – sie hilft Ihnen später beim Texten, zum Beispiel des Briefeinstiegs.

Welchen Nutzen hat der Leser?

Auf welche Kaufmotive zahlt Ihr Produkt ein? Macht es den Anwender glücklicher und erfolgreicher, bietet es Sicherheit und Bequemlichkeit, spart es Zeit, erleichtert es die Arbeit? Welches Kundenproblem löst es? Welcher Nutzen ist für den Kunden am wichtigsten, welchen betonen Sie in Ihrem Mailing ganz besonders?

Wenn Sie wissen, warum die Menschen Ihr Produkt eigentlich kaufen, können Sie ihre Gefühle wirksamer ansprechen und finden auch die entsprechenden rationalen Argumente. Sie zählen dann nicht nur die Eigenschaften und Merkmale Ihrer Erzeugnisse auf, sondern übersetzen Sie in Vorteile und Nutzen. Kurz: Sie zeigen dem Leser, was ihm Ihr Angebot bringt.

Näheres dazu erfahren Sie in den folgenden Kapiteln.

Wie lässt sich der Nutzen bekräftigen?

Behaupten Sie nicht einfach: „Mit unserer Lagerlogistik-Software sparen Sie bares Geld.“ Zeigen Sie anhand von Beispielen, wie groß die Ersparnisse tatsächlich sein können.

Bieten Sie zum Beispiel

- Zahlen, Daten, Fakten
- Statistiken
- Testergebnisse
- Prüfsiegel
- Zertifikate
- Ausschnitte aus Presseartikeln
- Kundenmeinungen

Welche Fragen und Einwände hat der Leser?

Im vorhergehenden Kapitel haben Sie die grundlegenden und produktbezogenen Fragen sowie gängige Einwände kennengelernt. Notieren Sie sich die wichtigsten Punkte, überlegen Sie sich eine griffige Argumentation und werfen Sie auch einen Blick auf die Argumente Ihrer Konkurrenten.

Welche Infos werden wo untergebracht?

Denken Sie auch darüber nach, wo Sie die Kundenfragen und -bedenken beantworten. Allgemeine Produktinformationen können Sie zum Beispiel im beigelegten Prospekt inkludieren; die Nutzenargumentation ist im Brief am besten untergebracht; Handlungsaufforderungen sollten sich in jedem Mailingelement finden. Versuchen Sie, einen roten Faden zu finden, der sich durch sämtliche Teile Ihres Mailings zieht.

Wie soll der Leser reagieren?

Legen Sie fest, welche Reaktion Sie beim Leser erreichen wollen – das hängt unter anderem davon ab, wie teuer und erklärungsbedürftig Ihr Produkt ist. Während ein neues Kräutershampoo problemlos via Brief verkauft werden kann, wird das Mailing bei komplexen Beratungsangeboten nur ein Türöffner sein, der erste Schritt in einem mehrstufigen Angebot.

Mögliche Reaktionen:

- einen Termin für eine Produktpräsentation vereinbaren
- das Produkt bestellen
- Mitglied in Ihrem Verein/Ihrer Organisation werden
- spenden
- weitere Infos anfordern (Katalog, Broschüren, Studien ...)
- einen Seminarplatz buchen
- sich für eine Veranstaltung unverbindlich anmelden
- eine Produktprobe/Muster anfordern
- einen Kostenvoranschlag einholen
- ein kostenloses Erstgespräch vereinbaren

Und klären Sie (auch organisationsintern), wie der Leser reagieren soll:

- anrufen
- mailen
- schreiben

- faxen
- per Antwortkarte/Faxformular/Bestellschein etc.

Wie reagiert der Leser rascher?

Auch wenn der Leser von Ihrem Angebot überzeugt ist, heißt das noch lange nicht, dass er sich bei Ihnen meldet. Er wird Ihr Mailing vielleicht erst mal zur Seite legen, andere wichtige Dinge erledigen und sich denken: „Da rufe ich nächste Woche mal an" – und schon hat er Ihren Brief vergessen.

Schaffen Sie deshalb Dringlichkeit, beschleunigen Sie die Reaktion des Lesers:

- begrenzte Gültigkeit des Angebots
- Geschenke für die ersten Anrufer
- Gutschein bei rascher Bestellung
- Verlosung
- Spezialrabatt

FAZIT

In der Konzeptphase geht es noch nicht um werbewirksame Formulierungen. Hier geht es vor allem um den Leser, seine Bedürfnisse und Zweifel. Sie bilden die Basis für Ihre Argumentation und sind das strategische Gerüst Ihres Mailings.

ZITAT ZUM THEMA

„Ohne Konzept steht Ihnen eine Sisyphusarbeit bevor. Es ist auch so schon schwierig genug, mitreißende Sätze mit markanten Formulierungen zu schmieden, ohne dauernd überlegen zu müssen: ‚Worauf will ich eigentlich hinaus?'"

Maslen, Andy: Texten auf den Punkt gebracht. Weinheim, 2010, S. 46.

Kaufmotive

Warum Kunden kaufen.

Ihr Werbebrief hat nur dann Erfolg, wenn Sie die Kaufmotive Ihrer Kunden kennen. Denn nur dann können Sie entsprechend argumentieren und den Leser emotional berühren.

Zugegeben: Das klingt banal. Aber wissen Sie wirklich ganz genau, was Ihre Zielgruppe antreibt? Warum sie ausgerechnet Ihr teures Produkt kauft und nicht die Billigversion der Konkurrenz? Welche unbewussten Bedürfnisse Ihr Angebot befriedigt?

Geben Sie sich dabei nicht mit oberflächlichen Einschätzungen und Erklärungen zufrieden. Denn während zum Beispiel Ihr Marketing davon überzeugt ist, dass Ihre Schwimmbecken aus Spaß am Schwimmen und Plantschen gekauft werden, liegt der wahre Kaufgrund vielleicht ganz woanders: Ihre Kunden genießen es, von ihren Nachbarn und Freunden um ein großes, teures Schwimmbad beneidet zu werden – es geht also weniger um puren Badespaß, als um Ansehen und Sozialprestige.

Es sind diese mehr oder weniger verborgenen Kaufmotive, die die Kaufentscheidungen Ihrer Kunden lenken. Diese Motive müssen Sie in Ihrem Mailing ansprechen – durch entsprechende Formulierungen, durch bildhaftes Texten, durch das anschauliche Beschreiben der Wunscherfüllung.

So geben Sie Ihrem Leser das Gefühl, dass es um ihn geht, um seine ganz individuellen Nöte und Bedürfnisse. Es entstehen Nähe, Verständnis und Vertrauen – und Vertrauen fördert den Verkauf.

Das heißt also: Geben Sie den Lesern Ihres Werbebriefs gute Gründe, Ihr Produkt zu erwerben und orientieren Sie sich dabei an den wesentlichen Kaufmotiven:

Sicherheit.

Die Menschen wollen sich sicher fühlen. Hier geht es zum Beispiel um die Absicherung von Haus und Familie, von Geld und

Altersvorsorge, aber auch um die ganz alltäglichen Bedenken bei Einkäufen und Bestellungen.

Mit diesen Formulierungen sprechen Sie dieses Sicherheitsbedürfnis an:

Sie können darauf vertrauen, dass …

Damit Sie auch morgen ruhig schlafen können.

risikofreier Kauf mit 100-%-Zufriedenheitsgarantie

Sie erhalten unser Garantie-Zertifikat noch heute.

Neugier.

Neue Produkte, neue Erlebnisse, neue Erfahrungen: Der Wunsch nach Abwechslung treibt viele Menschen an. Egal, ob es sich dabei um eine bislang unbekannte Kaffeesorte handelt oder um eine innovative Partnerbörse auf astrologischer Basis. Nicht umsonst gehört das Wort „neu" zu den wichtigsten Begriffen der Werbesprache. Es verspricht Stimulation und das erhebende Gefühl, als einer der ersten ein bestimmtes Produkt zu verwenden.

Geeignete Formulierungen:

Freuen Sie sich auf eine ganz neue Erfahrung.

Probieren Sie unsere neue Kräuterseife gleich aus. Sie werden überrascht sein.

Erstmals in Österreich: der neue Miniturbo XL800.

Jetzt testen.

Gewinn.

Wer hat nicht gerne das Gefühl, Geld zu sparen oder ein Schnäppchen zu machen. Das gilt im Privatbereich ebenso wie beim Business-to-Business.

Argumentieren Sie daher mit finanziellen Vorteilen:

Sparen Sie bares Geld.

Bestellen Sie noch heute und sparen Sie sich die Bearbeitungsgebühr.

Jeden Montag: minus 10 % auf alle Werkzeuge.

Gratis: 33-Punkte-Checkliste für wirksames Webdesign

Sichern Sie sich Ihren kostenlosen Seminarplatz.

Das Sparkonto für Ihren Vorteil.

Gesundheit.

Fitness und Schmerzfreiheit sind zentrale Bestandteile der Lebensqualität. Das gilt besonders für die wachsende Gruppe der Senioren: Sie wünschen sich Gesundheit bis ins hohe Alter. Darüber hinaus eignet sich das Gesundheits-Argument für viele Bereiche: von Lebensmitteln über Wohnen und Schlafen bis hin zum ergonomischen Arbeitsplatz.

Beispiele:

Entspanntes Arbeiten am PC: Unser neuer Bürosessel passt sich perfekt Ihrem Rücken an.

Das resche Bio-Brot vom Bio-Bauern.

Fühlen Sie sich so jung und vital wie mit 20.

Die Kräuteressenz für natürliches Wohlbefinden.

Ansehen.

Ruhm und Status, Prestige und gesellschaftliche Anerkennung – viele Leute wollen etwas Besonderes sein und sind bereit, dafür Geld auszugeben.

Sprechen Sie dieses Bedürfnis nach Sozialprestige an:

Sie als erfolgreicher Unternehmer …

eine exklusive Kreation für Kenner

Ihre Nachbarn werden Sie beneiden.

Ihr Chef wird Augen machen.

Selbstverwirklichung.

Die eigenen Talente entfalten, ein erfülltes Leben führen – das ist in der heutigen Gesellschaft ein großes Thema. Dazu gehört auch, sich von anderen abzugrenzen, etwa durch den Kleidungsstil.

Geben Sie deshalb Ihrer Zielgruppe das Gefühl, anders als die anderen zu sein und ungewöhnliche Wünsche ausleben zu können:

Nur für Individualisten: quer durch den Pazifik auf einem russischen Frachtschiff.

Vergessen Sie Brautmode von der Stange. Entwerfen Sie Ihr persönliches Brautkleid – wir fertigen es nach Ihren Wünschen.

Tanzen Sie aus der Reihe: Wir begleiten Sie auf dem Weg zu Ihrem Inneren.

Bequemlichkeit.

Zeit sparen und mit möglichst wenig Aufwand ein gutes Ergebnis erreichen – für viele Menschen sind das verlockende Aussichten. Sei es, dass sie tatsächlich viel beschäftigt sind oder nicht zugeben wollen, dass sie eigentlich genügend Zeit haben – denn das wird heute mit Erfolglosigkeit gleichgesetzt.

Zeitersparnis ist damit eine wirksame Argumentation:

Kümmern Sie sich um die wichtigen Dinge im Leben. Den Rest erledigen wir.

Erledigen Sie Ihre Bankgeschäfte ganz bequem vom Sofa aus.

Damit Sie mehr Zeit für Ihre Kinder haben.

Geselligkeit.

Der Mensch ist ein soziales Wesen. Er liebt es, sich mit anderen auszutauschen und gemeinsam das Leben zu genießen. Er will sich einer Gruppe oder Gemeinschaft zugehörig fühlen – etwa beim Club-Urlaub, beim Harley-Davidson-Treffen oder im Café.

Appellieren Sie an dieses soziale Bedürfnis:

An alle Hörer: Machen Sie mit beim großen Radio-Arabella-Wandertag.

Seien Sie dabei und treffen Sie erfolgreiche Börsianer beim gemütlichen Kamingespräch von Börse Aktuell.

Zusammen geht's leichter: erfolgreich abnehmen mit Gleichgesinnten.

FAZIT

Sprechen Sie bei Ihrer Nutzenargumentation die menschlichen Bedürfnisse der Adressaten an. Nähern Sie sich Ihren Lesern auf der Gefühlsebene und erleichtern Sie ihnen die Kaufentscheidung. Machen Sie ihnen klar, dass Ihr Produkt genau ihren wichtigsten Kaufmotiven entspricht. Dazu müssen Sie allerdings die Kaufmotive Ihrer Zielgruppe kennen; Sie müssen wissen, warum Ihr Produkt eigentlich gekauft wird.

ZITAT ZUM THEMA

„Werbung, die sich auf ein einziges, klares Kaufmotiv bezieht, ist eindeutiger, einprägsamer und wirkt nachhaltiger als Werbung, die allen alles verspricht."

Monzel, Monika: 99 Tipps für erfolgreiche Werbung. Berlin, 2006, S. 41.

Nutzenargumentation

Die wichtigste Leserfrage: „Was ist für mich dabei drin?“

Mit Ihrem Produkt befriedigen Sie eines oder mehrere Kaufmotive Ihrer Zielgruppe – Sie schaffen also einen bestimmten Nutzen. Und diesen Nutzen müssen Sie in Ihrem Mailing kommunizieren. Das heißt: Sie müssen dem Leser vor Augen führen, was ihm Ihr Angebot bringt, wie es ihn erfolgreicher, beliebter, glücklicher oder wohlhabender macht, ob er Geld oder Zeit oder beides spart.

Wie Ihnen das gelingt? Indem Sie die Eigenschaften Ihres Produktes oder Ihrer Dienstleistung in Vorteile und Nutzen übersetzen.

Mit anderen Worten: Wenn Sie in Ihrem Werbebrief nur beschreiben, wie Ihr Produkt aussieht, was es kann und wie es funktioniert, verschenken Sie viele Verkaufs-Chancen. Denn der Leser erkennt nicht automatisch, was ihm diese Produkteigenschaften nützen. Sie müssen hier quasi Dolmetscher spielen und dem Gehirn des Lesers auf die Sprünge helfen.

Und wie kommen Sie vom Produktmerkmal zum Kundennutzen? Indem Sie mit dem Dreischritt Merkmal – Vorteil – Nutzen arbeiten:

TIPPS

Merkmal.

Mit Merkmalen beschreiben Sie Ihr Produkt. Es handelt sich um grundlegende Eigenschaften wie Farbe, Größe, Gewicht, Aroma oder technische Daten. Damit geht es um Informationen, Tatsachen und wertfreie Aussagen wie „Unser Fernsehsessel wird in den Farben beige und dunkelbraun geliefert“ oder „Die Schokolade enthält 45 Prozent Kakao“. Diese Aussagen zu den Produktmerkmalen nimmt der Kunde neutral auf und kann kaum Bezug zu seinen persönlichen Problemen und Bedürfnissen herstellen; die Überzeugungskraft von Merkmalen ist daher recht gering.

Ein Beispiel: Die Österreichischen Bundesbahnen wollen ihr Angebot ausbauen und teilen mit: „Wir setzen täglich vier zusätzliche Schnellverbindungen zwischen Wien und Bregenz ein." Diese Züge sind damit ein Leistungsmerkmal der ÖBB.

Vorteil.

Im nächsten Schritt arbeiten Sie die Vorteile der Leistungsmerkmale heraus. Es geht hier um die praktische Umsetzung der Produkteigenschaft – das Ergebnis ist ein allgemeiner, unspezifischer Vorteil. Der einzelne Kunde und seine Bedürfnisse werden in diesem Schritt noch nicht berücksichtigt. Solche Vorteilsargumentationen werden in den meisten Werbebotschaften eingesetzt.

Bei unserem Bahn-Beispiel würde die Botschaft etwa lauten: „Jetzt können Sie aus noch mehr Verbindungen wählen." Was das aber dem einzelnen Bahnreisenden im Endeffekt bringt, bleibt offen.

Nutzen.

Die Frage nach dem individuellen Kundennutzen wird erst in diesem Schritt geklärt: „… das bedeutet für Sie, dass …". Erst hier wird der einzelne Kunde integriert, erst hier geht es um die Frage, inwieweit ein Produktmerkmal die ganz persönlichen Bedürfnisse befriedigt. Und erst hier wird auch zwischen verschiedenen Zielgruppen und ihren Bedürfnissen unterschieden.

Beispiel ÖBB: Die Tatsache, dass der Bahnkunde jetzt aus mehr Schnellverbindungen wählen kann (Produktvorteil) bringt unterschiedlichen Kundennutzen:

Der Geschäftsreisende kommt pünktlich zu seinen Terminen und hat weniger unproduktiven Leerlauf („Mit unseren zusätzlichen Schnellverbindungen nutzen Sie Ihre Zeit noch produktiver").

Der Pendler ist in der Früh weniger gestresst und kann am Abend mehr Zeit mit seiner Familie verbringen („Für mehr Feierabend").

Der Urlaubsreisende kann eine angenehme Bahnfahrt in einem komfortablen Zug genießen, der nicht überfüllt ist („Damit Sie entspannt urlauben können").

FAZIT

Der Kundennutzen muss im Mittelpunkt Ihres Mailings stehen – so verstärken Sie den Kaufanreiz. Schaffen Sie einprägsame Bilder, schildern Sie plastisch und emotional, wie Ihr Produkt das Leben der Leser verbessert.

Allerdings ist dieser Nutzen nicht immer leicht zu entdecken und zu vermitteln. Zögern Sie nicht, Ihre bestehenden Kunden zu fragen, was sie am meisten an Ihren Produkten schätzen und welche Produkteigenschaften ihnen am meisten Nutzen bringen. Die Erkenntnisse, die Sie dabei gewinnen, können Sie dann auch in alle anderen Werbemittel einfließen lassen.

SPEZIALTIPP 1

Den Nutzen richtig formulieren.

Rechnen Sie nicht damit, dass der Kunde automatisch von der Produkteigenschaft auf seinen persönlichen Nutzen schließt. Diese Übersetzungsarbeit müssen Sie leisten, denn das Gehirn des Kunden ist träge.

Mit entsprechenden Formulierungen verbinden Sie die Produktmerkmale mit dem Kundennutzen und wechseln von der „Wir"- zur „Sie"-Perspektive:

Das heißt für Sie …

So sparen Sie …

Dadurch können Sie …

Das bringt Ihnen …

So vermeiden Sie …

Dadurch erhalten Sie …

Damit erhöhen Sie …

Auf diese Weise senken Sie …

So verbessern Sie …

So können Sie ganz einfach …

Das hilft Ihnen bei …

So gewinnen Sie …

Sie erzielen damit …

So verringern Sie …

SPEZIALTIPP 2

Oft findet sich im Umfeld Ihres Angebotes ein interessanter Nutzen – etwa in Serviceleistungen, die Sie für selbstverständlich halten, die aber für den Kunden ungewöhnlich, exklusiv oder einfach sehr hilfreich sind:

- telefonische Bestellung rund um die Uhr
- kostenlose Produktversicherung
- Geschenkverpackungen
- attraktive Zahlungsbedingungen
- kostenlose Zustellung
- verkehrsgünstige Lage, ausreichend Parkplätze
- Newsletter mit exklusiven Tipps, Spezialangeboten etc.
- „freundlichster Betrieb in Mittelfranken"
- prompter Service
- rasche Lieferung

ZITAT ZUM THEMA

„Das ist die Arbeit des Textes: Einem Leser nach und nach zu zeigen und zu beweisen, wie ein Produkt sein Leben oder seine zu lösende Aufgabe einfacher, schneller, besser, schöner macht."

Gottschling, Stefan: Stark texten, mehr verkaufen. Kunden finden, Kunden binden mit Mailing, Web & Co. Wiesbaden, 2004, S. 135.

Blickverlauf

Wahrnehmungsmuster nutzen.

Sie haben nun Ihr Mailing-Konzept erarbeitet und wissen, wie Sie Ihre Zielgruppe am besten ansprechen und was Sie in Ihrem Werbebrief „rüberbringen" wollen.

Nachdem das „was" und „wie" im groben Rahmen geklärt sind, sollten Sie auch noch über das „wo" Bescheid wissen. Das heißt: Wo bringen Sie Ihre wichtigsten Nutzenargumente unter? Welche Briefstellen liest der Adressat zuerst? An welchen „Hotspots" bleibt sein Blick beim oberflächlichen Drüberlesen hängen?

Es geht also um die optimale Platzierung der Briefinhalte.

Und dabei hilft Ihnen die so genannte Blickverlaufsanalyse. Sie zeigt, auf welchen Elementen der Blick des Lesers länger verweilt, wie er zwischen einzelnen Elementen hin- und herspringt, welche Elemente er öfter betrachtet usw. Nach diesen Erkenntnissen sollten Sie Ihren Werbebrief optisch und inhaltlich ausrichten.

Hier einige Infos zur Lesekurve bei Mailings:

1. Absenderlogo.

Das Signet Ihrer Firma – meist rechts oben platziert – nimmt der Leser als erstes wahr. Er sucht nach Antworten nach den Fragen: Wer schreibt mir? Kenne ich den Absender? Kommt der Brief von einer Behörde oder einem Unternehmen?

2. Name des Empfängers.

Der Leser speichert seinen Namen wie ein Bild in seinem Gehirn ab, er ist quasi sein persönliches Logo. Der Name ist der zweite Augenhaltepunkt – und deshalb ist es so wichtig, dass er richtig geschrieben ist. Andernfalls sind Ärger und Irritation vorprogrammiert.

3. Überschrift.

Jetzt wandert die Aufmerksamkeit des Lesers zur Headline: Macht sie mich neugierig? Verspricht sie Nutzen? Lohnt sich die Lektüre des restlichen Briefes?

4. Anrede.

Hier vergewissert sich der Adressat noch einmal: Bin wirklich ich gemeint? Richtet sich der Brief an mich persönlich?

5. Hervorhebungen.

Jetzt rücken die Vorteile Ihres Angebotes ins Blickfeld, jene Reiz- und Signalwörter, die Sie mittels Fettdruck, farbiger Schrift oder Einrückungen hervorgehoben haben. Der übrige Fließtext wird noch nicht gelesen.

6. Unterschrift.

Der Leser erkennt (sofern die Unterschrift leserlich ist): Wer schreibt mir überhaupt? Welche Funktion hat er?

7. PS.

Das Postskriptum ist der letzte Augenhaltepunkt – und hier verweilt der Leser am längsten. Es lohnt sich also, noch einmal ein starkes Nutzenargument unterzubringen, zumal das PS oft vor dem eigentlichen Brief gelesen wird.

FAZIT

Die Lesekurve zeigt Ihnen, wie Ihre Adressaten „ticken", wie sie den Werbebrief wahrnehmen und anhand welcher Informationen sie entscheiden, ob sie Ihr Mailing lesen oder gleich wegwerfen sollen. So können Sie Ihr schriftliches Verkaufsgespräch durchdacht gestalten und wissen, auf welche Elemente Sie besonders achten müssen.

Die Rolle der Beilagen

Die Beilage als Draufgabe.

Bevor Sie mit dem Texten Ihres Werbebriefes beginnen, sollten Sie sich über die Beilagen Gedanken machen. Denn diese sind Teil der Gesamtkonzeption – sie bestimmen mit, welche Inhalte Sie in Ihren Brief aufnehmen und welche Infos Sie in den Beilagen unterbringen.

Die Vorteile von Beilagen? Sie werten Ihre Sendung auf, verleihen ihr Mehrwert und bewirken, dass sich der Empfänger länger und ausführlicher mit Ihrem Angebot befasst. Außerdem können Sie in den Beilagen jene Informationen vermitteln, für die im Anschreiben einfach zu wenig Platz ist. Gewinnspiele und Gutscheine hingegen involvieren den Leser und verstärken die Bindung. Selbst Warenproben können Sie verschicken und damit gleich eine Probe Ihres Könnens abliefern (was allerdings nur für wenige Branchen möglich ist).

Kurz: Erst die Beilage macht aus Ihrem Mailing eine runde Sache – zusammen mit dem Antwortelement, das ich in einem späteren Kapitel behandeln werde.

Was Sie Ihrem Brief beilegen, bleibt Ihrer Fantasie (und Ihrem Budget) überlassen. Die folgenden Anregungen eignen sich für jede Branche und zeigen, wie die jeweilige Beilage den Text Ihres Anschreibens beeinflusst.

TIPPS

Flyer.

Flexibel, günstig in der Produktion und meist so klein, dass Sie kein zusätzliches Briefporto zahlen müssen: Flyer eignen sich für jede Branche und jede Unternehmensgröße als Mailing-Beilage.

Der Vorteil: Im Flyer können Sie alle Details unterbringen, die im Anschreiben keinen Platz finden – also zum Beispiel Versand- und Garantiebedingungen, Produktspezifikationen, Preisstaffelungen etc.

Wichtig: Der Flyer muss für sich alleine stehen können; er muss als eigenständiges Werbemittel alle verkaufsrelevanten Informationen enthalten – denn der interessierte Adressat wird eher den Flyer aufbewahren als das Anschreiben.

Für das Texten des Briefes heißt das, dass Sie sich auf verkaufspsychologische Argumente konzentrieren können. Sie stimmen den Leser auf Ihr Produkt ein, stellen den Hauptnutzen in den Vordergrund und verweisen ihn dann auf Ihren Flyer.

Broschüren.

Auch Werbebriefe und Broschüren treten oft als Tandem auf. Hier ist meist die neue Unternehmens- oder Produktbroschüre der Anlass für das Mailing – und in diesen Fällen gilt: „The brochure tells, but the letter sells."

Während die Broschüre über Ihre Produkte erzählt, kommunizieren Sie via Anschreiben auf einer persönlichen Ebene mit dem Leser. Wenn Sie zum Beispiel Ihren neuen Saisonkatalog verschicken, können Sie sich bei Ihren Stammkunden für die gute Zusammenarbeit bedanken. Oder dem Empfänger Ihrer Produktbroschüre ein maßgeschneidertes Angebot machen.

Das heißt: Wiederholen Sie im Brief nicht einfach die Inhalte der Broschüre, also zum Beispiel die Leistungsübersicht oder einen Abriss der Unternehmensgeschichte. Machen Sie dem Leser ein konkretes Angebot, gehen Sie auf branchenspezifische Probleme ein und bieten Sie Lösungen.

Fachartikel, Fallstudien, Kundenberichte.

Informative, in objektivem Stil verfasste Beilagen eignen sich besonders für erklärungsbedürftige Angebote, zum Beispiel für Beratungsleistungen im B2B-Bereich. Denn es ist oft schwierig, komplexe Leistungen in wenigen Worten auf den Punkt zu bringen, ihre Abläufe und ihren Nutzen einfach zu kommunizieren.

Hier helfen Ihnen zum Beispiel Fallstudien, die Ihre Methoden und erwartbare Ergebnisse quasi „am lebenden Objekt" demonstrieren – und zwar auf informative und leicht verständliche Weise. Gut geschriebene Kundenberichte erfüllen den gleichen Zweck und sind noch ein Stück glaubwürdiger, weil sie direkt aus der Kundenperspektive verfasst sind.

Glaubwürdigkeit erreichen Sie auch mit ausführlichen Fachartikeln, die sich mit dem Problem Ihrer Zielgruppe beschäftigen. Wenn diese Artikel bereits in renommierten Branchenzeitschriften erschienen sind – umso besser.

Für das Anschreiben bedeutet das: Stellen Sie in einfachen Worten Ihre Hauptleistung, Ihren Hauptnutzen in den Mittelpunkt und verweisen Sie auf die beigelegte Studie bzw. Artikel.

Und auch hier gilt wieder: Die Beilage muss für sich selber stehen können. Inkludieren Sie also all Ihre Kontaktdaten sowie eine Handlungsaufforderung („Wenn Sie mehr über unsere Coachingmethode erfahren wollen, rufen Sie uns an unter 01234/56789. Wir informieren Sie gerne").

FAZIT

Im Werbebrief selbst haben Sie oft einfach zu wenig Raum, um Vertrauen aufzubauen, die Gefühle des Lesers anzusprechen, ihn zum Handeln zu bewegen UND Daten und Fakten zu Ihrem Angebot unterzubringen.

Nutzen Sie daher die Vorteile von informativen Beilagen. Es muss ja nicht immer gleich Ihre dicke Imagebroschüre sein, die das Porto in die Höhe treibt. Finden Sie einen Ausgleich zwischen werblichen und wirtschaftlichen Überlegungen und stimmen Sie den Inhalt Ihres Anschreibens auf die Beilage ab.

Die Bausteine

Worum geht's

Ihr Werbebrief besteht aus verschiedenen Elementen: Adresse, Headline, Anrede, PS usw. Die Anordnung und Wirkung dieser Elemente sind bereits in vielen Studien untersucht worden – zum Beispiel: Wie nimmt der Leser den Werbebrief wahr? Welche Briefteile liest er zuerst? Wie soll man wichtige Aussagen hervorheben?

So haben sich Empfehlungen für Text und Konzept herauskristallisiert, die sich in der Praxis immer wieder bewährt haben. Machen Sie sich diese Ergebnisse zunutze, setzen Sie auf wirksame Tipps und scheuen Sie nicht davor zurück, hier und da ein wenig zu experimentieren ...

Überschrift

Der Aufhänger für Ihren Werbebrief.

Welche Überschrift spricht Sie mehr an: „Die neueste Kopierer-Generation von Bechmann“ oder „Nie mehr Papierstau beim Kopieren“?

Die erste Headline beschreibt die Sicht des Unternehmens: Es hat einen neuen Kopierer entwickelt und ist stolz darauf. Was allerdings der Kunde davon hat, bleibt offen.

Diesen Punkt klärt die zweite Variante: Mit dem neuen Kopierer gibt es keine Papierstaus mehr, der Kunde spart Zeit und Nerven. Ein klarer Nutzen wird vermittelt, die Überschrift erzeugt ein starkes Bild im Kopf des Lesers.

Und das ist auch schon die wichtigste Regel für die Headline von Direct Mailings: Sie muss den Kundenvorteil betonen, sie muss neugierig machen und Gefühle ansprechen. Kurz: Ihre Headline muss sexy sein.

Doch was macht eine Überschrift sexy? Dazu gibt es unzählige Textertipps und die Meinungen der Werbepsychologen gehen oft weit auseinander. Bei aufwändigeren Werbe-Aktionen werden auch Splittests durchgeführt, um die Wirkung verschiedener Überschriften zu testen.

Allerdings gibt es einige Regeln, die sich bewährt haben und mit denen Sie solide, zugkräftige Headlines texten:

TIPPS

Vorteil betonen.

Der sichere und einfache Weg zu einer starken Überschrift: Fragen Sie sich: „Was ist der größte Nutzen, den der Anwender aus meinem Produkt zieht?“ – daraus ergibt sich dann Ihre Headline. Diese Variante wirkt deswegen so gut, weil jeder Leser auf seinen persönlichen Vorteil bedacht ist – besonders im finanziellen, beruflichen oder gesundheitlichen Bereich.

Beispiele:

Übernachten Sie in den besten Hotels – zum halben Preis!

Jetzt erhalten Sie Ihre Pakete doppelt so schnell!

Anleitungen geben.

Auch diese Art von Headlines gelingt Ihnen im Handumdrehen. „How to"-Formulierungen eignen sich besonders, um ein Problem des Kunden anzusprechen und nützliche Infos anzukündigen. Der Leser erwartet sich einfache Lösungen, Tipps und Hinweise – und das macht ihn (hoffentlich) neugierig genug, um den ganzen Brief zu lesen.

So surfen Sie 20 % schneller im Netz …

Wie Sie Ihren Garten in ein duftendes Blütenparadies verwandeln …

Zauberwort „gratis".

… und es wirkt und wirkt und wirkt: Mit dem Wort „gratis" verschaffen Sie sich die gewünschte Aufmerksamkeit – auch in der Headline. So wecken Sie selbst bei jenen Lesern Interesse, die hart zu knacken sind.

Der neue Gault Millaut ist da – jetzt mit Gratis-WeinGuide!

Die ultimative Broschüre für gestandene Heimwerker – GRATIS!

Zum Handeln auffordern.

Fordern Sie den Leser auf, etwas Bestimmtes zu tun. Das bringt Ihnen zwei Vorteile: Sie sind sehr direkt und wecken damit die Aufmerksamkeit des Lesers. Außerdem können Sie die wichtigsten Produktvorteile einfach verpacken. Seien Sie aber vorsichtig bei der Formulierung – die Überschrift sollte nicht zu hart klingen.

Bringen Sie Ordnung in Ihre Sockenschublade …

Denken Sie schon heute an Ihre Pension

Fragen stellen.

Formulieren Sie Ihre Überschrift als Frage – damit erreichen Sie, dass sie der Leser unwillkürlich beantwortet. Wenn er sich angesprochen fühlt, wenn er die Frage mit Ja beantwortet (und damit zu Ihrer Zielgruppe gehört), wird er im Fließtext nach weiteren Infos und konkreten Angebot suchen.

Fühlen Sie sich nach dem Essen müde und schlapp?

Lust auf ein Gletscher-Abenteuer im Ötztal?

FAZIT

Die Headline ist meist der schwierigste Part beim Werbebrief-Texten. Nehmen Sie sich deshalb genügend Zeit, probieren Sie verschiedene Ansätze, testen Sie die Wirkung an Vertretern Ihrer Zielgruppe.

Nehmen Sie auch mal jene Mailings zur Hand, die täglich in Ihr Büro schneien und beobachten Sie sich selbst: Von welchen Überschriften fühlen Sie sich angesprochen? Nach welchem Muster sind diese Headlines gestaltet? So erhalten Sie mehr und mehr Gespür für starke Überschriften.

SPEZIALTIPPS

Egal, welche Überschriften-Variante Sie wählen – einige Dinge bleiben immer gleich:

Schreiben Sie einfach.

Ein witziges Wortspiel? Eine tiefsinnige Metapher? Eine beeindruckende Aneinanderreihung von Fachausdrücken? Vergessen Sie's. Der Leser wird sich nicht bemühen, Ihre Headline zu verstehen – dazu hat er weder Zeit noch Lust.

Schreiben Sie klar, einfach und verständlich. Der Leser muss Ihre Überschrift auf einen Blick erfassen und verstehen. Wenn ihm das nicht gelingt, haben Sie schon verloren.

Seien Sie spezifisch.

Welche Headline spricht Sie am meisten an?

Wie Sie mehr Newsletter-Leser gewinnen

oder

Wie Sie in 100 Tagen Ihre Newsletter-Liste verdoppeln

Die zweite Überschrift wirkt stärker – sie verspricht konkrete Anleitungen, vielleicht sogar einige Geheimnisse des Internetmarketings, die der Leser unbedingt erfahren möchte. Deshalb nimmt er sich bei der zweiten Headline eher Zeit für den restlichen Text.

ZITAT ZUM THEMA

„The best attention-getters are headlines promising benefits to the consumer. […] The second best headlines give news. […] The third best headlines are curiosity headlines.“

Bird, Drayton: Commonsense Direct Marketing. London 2004, S. 221.

Anrede

Werden Sie persönlich.

Der eigene Name ist etwas sehr Persönliches. Deshalb fühlt sich jeder Leser geschmeichelt, wenn Sie ihn mit seinem (korrekt geschriebenen) Namen anreden – und schenkt daher Ihrem Mailing mehr Aufmerksamkeit.

Es gilt also: Je persönlicher der Werbebrief gestaltet ist, umso mehr Rücklauf erzielt er.

Das heißt aber nicht, dass Sie den Adressaten in jedem Absatz namentlich erwähnen sollen. Übertreiben Sie es nicht mit der Personalisierung, das stößt ab und macht misstrauisch.

Hier einige Empfehlungen in Sachen Anrede:

TIPPS

Beim Namen nennen.

„Sehr geehrte Damen und Herren", „Sehr geehrte Firma", „Liebe gnädige Frau" – solche unpersönlichen Anreden sollten Sie vermeiden.

Sie geben damit Ihrem Brief – der ja im Vergleich zu Anzeigen oder Flyern ein sehr persönliches Werbemittel ist – den Charakter einer Massensendung. Der Empfänger fühlt sich nicht gemeint, er fühlt sich nicht angesprochen und hat nicht das Gefühl, dass der Briefinhalt etwas mit ihm zu tun hat. Die Folge: unbefriedigende Response-Raten.

Namen richtig schreiben.

Die korrekte Schreibweise des Empfängernamens ist ein absolutes Muss. Hier geht es nicht nur um Genauigkeit, sondern auch um Höflichkeit und Respekt. Und diese Werte verspielen Sie, wenn Sie hier patzen.

Auch wenn sich manche Namen noch so kompliziert schreiben – etwa Anette von Antheym-Hohlbrynck oder Frédéric Marcus LaForge: Kaum ein Leser wird Ihnen einen Verschreiber bei so etwas Intimem wie dem eigenen Namen durchgehen lassen.

Die richtige Anrede.

Wie sollen Sie nun den Leser am besten ansprechen?

- Klassisch: „Sehr geehrte/r Herr/Frau …" ist die gängige Anrede in Briefen. Sie zeugt von höflichen Umgangsformen und ist auch für Ihr Mailing immer eine gute Wahl.

- Persönlich: „Liebe/r Herr/Frau …" ist angebracht, wenn zum Adressaten eine engere Beziehung besteht – etwa bei langjährigen Stammkunden. So vermitteln Sie ein Stück mehr Herzlichkeit und Freundlichkeit.

- Informell: Je nach Branche, Anlass des Briefes und Zielgruppe eignen sich auch informellere Anreden wie „Hallo Herr Leibling", „Hallo Ute" oder „Servus Franz".

- Gruppenbezogen: Nicht so persönlich wie gewünscht, aber weitaus weniger anonym und distanziert wie „Sehr geehrte Damen und Herren": Wenn Sie eine abgegrenzte Zielgruppe wie die Bewohner Ihres Dorfes, die Mitglieder Ihres Vereins oder eine bestimmte Berufsgruppe ansprechen wollen, eignen sich auch Anreden wie „Liebe Nachbarn", „Liebe Heiligenstädter", „Hallo liebe Freunde des FC Niedersbruck" oder „Sehr geehrte Steuerberater".

FAZIT

Je persönlicher Ihr Mailing wirkt, umso erfolgreicher ist es. Schließlich ist ein Werbebrief nichts anderes als ein schriftliches (Verkaufs)Gespräch. Und ein wichtiger Baustein dafür ist die persönliche Anrede des „Gesprächspartners". Auch wenn es Zeit und Geld kostet, die richtigen Ansprechpartner zu recherchieren und die Aktualität und Korrektheit der Adressdaten zu überprüfen – es lohnt sich.

SPEZIALTIPP

Die Form.

Die Anrede schließt mit einem Beistrich (nicht mit Rufzeichen); das erste Wort des Textteils beginnt mit einem Kleinbuchstaben (außer Nomen und Anredepronomen).

Zum Beispiel:

Sehr geehrte Frau Niederstädt,

haben Sie sich schon mit Balkonpflanzen für die kommende Saison eingedeckt? …

Einstieg

Den richtigen Hebel finden.

Mit der Einleitung machen Sie den Leser neugierig, Sie verführen ihn mit Worten, provozieren ihn, machen ein Versprechen – kurz: Sie tun alles, damit er weiterliest.

Was Sie im ersten Absatz nicht tun, ist verkaufen. Schließlich fallen Sie ja auch nicht bei einem Vis-a-vis-Verkaufsgespräch mit der Tür ins Haus: „Guten Tag Herr Wiedekopf, ich biete Ihnen einen eierschalenfarbenen Designerhocker um 345 Euro an. Interessiert?"

Der Leser ist zum jetzigen Zeitpunkt noch lange nicht so weit, eine Bestellung in Erwägung zu ziehen. Er muss sich erst mit Ihnen und Ihrem Angebot vertraut machen, muss „warm" werden, muss mehr über seine Vorteile erfahren und muss erkennen, welche seiner Bedürfnisse befriedigt werden.

Den Leser für diese Verkaufsbotschaften empfänglich machen – das ist die Aufgabe der Einleitung.

Es gibt verschiedene Möglichkeiten, den Werbebrief zu eröffnen; ich habe hier einige für Sie zusammengestellt:

TIPPS

Verständnis zeigen.

Viele Akquisebriefe beginnen mit Sätzen wie:

Unser Statikerbüro bietet seit 25 Jahren höchste Präzision in der Lösung komplexer Aufgaben.

Schön, denkt sich der Leser, aber was hat das mit mir zu tun? Und schon wandert das Mailing in den Papierkorb.

Stellen Sie deshalb Rapport her, zeigen Sie, dass Sie die Probleme Ihrer Zielgruppe kennen und sie verstehen. Das gelingt Ihnen zum Beispiel, wenn Sie eine Situation schildern, die dem Leser vertraut ist:

Bestimmt fragen Sie sich bei jedem Bauvorhaben: Wie schaffe ich den Spagat zwischen niedrigen Kosten und höchster Sicherheit?

Auf eine solche rhetorische Frage antworten die meisten Leser mit „ja“. Sie fühlen verstanden und sind offen für die weiteren Verkaufsargumente, mit denen Sie sich als Problemlöser präsentieren.

Den Leser als Experten ansprechen.

Packen Sie den Leser beim Kaufmotiv „Status und Prestige“: Sprechen Sie ihn als Fachmann in seinem Gebiet an, zeigen Sie ihm, dass Sie ihn als besonderen Kunden wahrnehmen und schätzen:

Sie als erfahrener Steuerberater …

Als ausgewiesener Experte für Urheberrecht wissen Sie, dass …

Idealsituation schildern.

Lassen Sie Ihren Leser ein wenig träumen, helfen Sie seiner Vorstellungskraft auf die Sprünge und beschreiben Sie, wie sich seine Wünsche mit Ihrem Produkt verwirklichen lassen:

Stellen Sie sich vor, wie sich Ihr Vermögen von ganz alleine vermehrt, Tag für Tag, Jahr für Jahr. Sicher und beständig.

Wäre das nicht schön: Ihre Infoprodukte verkaufen sich per Autopilot und Sie haben Zeit für neue, lukrative Projekte.

Kaufmotive ansprechen.

Rufen Sie sich noch einmal das wichtigste Kaufmotiv Ihrer Zielgruppe vor Augen: Ist es der Wunsch nach Sicherheit? Nach Erfolg? Oder eher nach Ansehen und Geselligkeit? Sprechen Sie dieses Kaufmotiv direkt in der Einleitung an:

Was werden Ihre Bikerfreunde sagen, wenn Sie mit der neuen V-Rod Muscle vorfahren?

Wenn – dann.

Damit sprechen Sie ein Problem oder ein Vorurteil des Lesers an und versprechen im gleichen Atemzug die Lösung bzw. den Gegenbeweis:

Wenn Sie Ihre Energiekosten senken wollen, dann finden Sie jetzt die besten Spartipps bei uns.

FAZIT

In der Einleitung müssen Sie das Spannungsniveau, das Sie mit der Headline aufgebaut haben, unbedingt halten. Mit dem ersten Absatz wecken Sie die Neugierde des Kunden, sprechen ihn auf der Gefühlsebene an und machen ihn offen für Ihre Verkaufsbotschaft.

Wichtig: Halten Sie sich hier nicht zu lange auf, kommen Sie gleich auf den Punkt, beschränken Sie sich auf ein, zwei (kurze!) Sätze.

SPEZIALTIPP

„Sie“ statt „wir“.

Beginnen Sie den ersten Satz nicht mit „ich“ oder „wir“. Der Leser muss von Anfang an das Gefühl haben, dass es sich um ihn dreht und nicht um Ihr Angebot.

Hauptteil

Den Dialog in Fluss halten.

Wenn der Leser den mittleren Teil Ihres Briefes liest, dann ist er bereit, sich mit Ihrem Angebot zu beschäftigen. Sie haben ihn mit der Headline aktiviert, er hat beim Scannen einen ersten positiven Eindruck von Ihrem Angebot erhalten und hat nun ein offenes Ohr für Sie.

Damit haben Sie schon sehr viel gewonnen – jetzt heißt es, den schriftlichen Verkaufsdialog sorgsam weiterführen.

Dabei gilt:

Wenn der Leser das Gefühl hat, dass Sie ihn verstehen, wenn er Vorteile für sich erkennt, wenn er Ihren Äußerungen zustimmt – dann liest er weiter.

Wenn Sie ihn mit technischen Details langweilen, wenn Sie seine unausgesprochenen Fragen nicht beantworten, wenn Sie seine Zweifel im Raum stehen lassen – dann steigt er aus.

Dazu einige bewährte Empfehlungen:

TIPPS

Lösung bieten.

In der Einleitung Ihres Briefes haben Sie Problembewusstsein geschaffen, den Leser sensibilisiert und ihm gezeigt, dass Sie seine Nöte, Träume und Wünsche verstehen.

Jetzt kommt Ihr Produkt bzw. Ihre Dienstleistung ins Spiel – beschreiben Sie Ihr Angebot, präsentieren Sie sich als versierter Problemlöser, als erprobter Wunscherfüller.

Ein Beispiel:

Als Gastronom müssen Sie Ihre Küche blitzblank halten. Das kostet Zeit und Nerven – besonders, wenn ein Putzmittel den Schmutz nicht richtig auflöst und Sie endlos scheuern müssen.

Doch damit ist jetzt Schluss.

Ab jetzt reinigen Sie Ihre Küche einfacher und schneller – mit unseren hoch wirksamen Bio-Reinigern.

Schreiben Sie dabei möglichst aus der „Sie"-Perspektive. Also zum Beispiel statt „Unsere Reinigungsprodukte entfernen auch hartnäckige Beläge im Handumdrehen" besser „So entfernen Sie auch hartnäckige Beläge im Handumdrehen".

Vorteile und Nutzen formulieren.

Sie kennen die Kaufmotive Ihrer Kunden; Sie wissen, wie Sie die Eigenschaften Ihres Produktes in Vorteile und Nutzen übersetzen. Hier, im Hauptteil des Briefes, können Sie davon ausgiebig Gebrauch machen, denn hier verkaufen Sie. Das heißt: Hier zeigen Sie, was Ihr Produkt für den Kunden tut, wie es ihn zufriedener, wohlhabender, glücklicher etc. macht.

Wichtig: Beginnen Sie mit dem stärksten, zugkräftigsten Nutzen; wiederholen Sie auch ruhig noch einmal das Verkaufsargument aus der Headline und führen Sie es näher aus.

Beispiele:

Das besondere Plus: Sie erhalten laufend detaillierte Ergebnisse Ihrer Promotion-Aktion. So können Sie den Erfolg schnell und einfach messen und haben alles im Griff.

Was erwartet Sie bei unserem Rhetorik-Seminar? Sie treffen die begnadetsten Redner Deutschlands, erfahren ihre Erfolgsgeheimnisse und lernen Tricks und Kniffe, die auch Sie zu einem gefragten Speaker machen. Ein exklusiver Insider-Event, der Ihrer Karriere maximalen Schub gibt!

Sie erhalten jedes Produkt innerhalb von 24 Stunden. Sie müssen also Ihre Reinigungsmittel nicht mehr lagern und sparen bares Geld.

Beweise bringen.

Auch wenn Sie überzeugend rüberbringen, was Ihr Produkt alles kann: Wirklich glauben wird man Ihnen erst, wenn Sie Ihre Leistungsfähigkeit objektiv beweisen und nachprüfbare Fakten liefern.

Zum Beispiel durch

- wissenschaftliche Studien
- Testergebnisse
- Zitate aus führenden Zeitungen oder Fachmagazinen
- Testimonials
- amtliche Statistiken und Prognosen
- Aussagen von Experten

Halten Sie aber diese neutralen Aussagen kurz und knackig, beschränken Sie sich bei Zitaten auf einen oder zwei gehaltvolle Sätze, schweifen Sie nicht ab. Die Meinung von Dritten sollte nicht von Ihrem eigentlichen Verkaufstext ablenken.

Beispiele:

Stiftung Warentest (10/2009) zeigt: GreenVedal zählt zu den führenden Rasenmähern seiner Klasse.

Auch die FAZ (21. 10. 2010) gibt uns Recht: „Lebensversicherungen haben als Altersvorsorge endgültig ausgedient."

7 % garantierte Umsatzsteigerung erscheint Ihnen zu viel? Dann lesen Sie, was Heinrich Kleist, Metzger in Unterhaching sagt: „Ich war zunächst skeptisch – 7 % mehr Umsatz? Das konnte ich kaum glauben. Aber als mir dann mein Steuerberater nach einem Jahr zu einer Umsatzsteigerung von 7,6 % gratuliert hat, war ich natürlich überzeugt."

Antworten bieten, Einwände ausräumen.

Sie erinnern sich? Im Kapitel „Verkaufen per Brief" ging es um häufige Fragen und Bedenken des Kunden. Im Mittelteil Ihres Briefes haben Sie genügend Platz, um diese Fragen zu beantworten und Zweifel zu zerstreuen – zumindest jene, die auch im persönlichen Verkauf immer wieder vorkommen.

Mit dem Anführen von Vorteilen, Nutzen, Garantien und Beweisen entkräften Sie viele Bedenken schon automatisch. Sie können aber auch besonders schwerwiegende Befürchtungen und Unklarheiten noch einmal extra hervorheben und verbalisieren:

Und wer sagt Ihnen, dass wir auch für Ihr Unternehmen den richtigen Nachfolger finden? Ganz einfach: In den letzten 10 Jahren haben wir 93 % aller Betriebsübergaben erfolgreich geregelt.

Vielleicht fragen Sie sich, wie wir solche Preise anbieten können. Nun, als Genossenschaft kaufen wir günstiger ein – und dieser Preisvorteil spart Ihnen bares Geld.

FAZIT

Im Hauptteil Ihres Briefes zahlen Sie auf die Kaufmotive Ihrer Kunden ein. Sie führen ihnen vor Augen, wie viel besser und leichter das Leben mit Ihrem Produkt ist. Untermauern Sie Ihre Argumente mit objektiven Testergebnissen, Expertenmeinungen und Testimonials. So erzeugen Sie viele kleine Jas, die Ihren Leser schließlich zum Handeln bringen.

ZITAT ZUM THEMA

„In order to write successful body copy, you must appeal to the consumer's needs and emotional desires. One way of doing this is by putting yourself in the consumer's position."

Applegate, Edd: Strategic Copywriting. How to Create Effective Advertising. Lanham, 2005, S. 62.

Abschluss

Was soll der Leser jetzt tun?

Sie haben den Leser Ihres Werbebriefs jetzt Schritt für Schritt von Ihrem Angebot überzeugt, viele kleinere und größere Jas produziert und sind am Ziel: Der Leser will Sie kontaktieren.

Wie er das anstellen soll, ist für Sie glasklar: Er soll zum Beispiel anrufen und mit Ihnen einen Beratungstermin vereinbaren. Oder mailen und den ausführlichen Produktkatalog anfordern. Oder per Fax einen Seminartermin reservieren.

Aber für den Adressaten ist dieser Schritt alles andere als logisch. Er fragt sich zum Beispiel, was eigentlich nach der Kontaktaufnahme geschieht – wird er sofort beraten, wenn er anruft? Oder werden Sie einen persönlichen Termin mit ihm vereinbaren? Und wenn ja, ist dieses Erstgespräch gratis oder nicht?

Und während er noch im Faxformular, im Prospekt oder in der Antwortkarte nach Handlungshinweisen sucht, schwindet sein Kaufinteresse. Ihm kommt plötzlich in den Sinn, dass er ja noch seine Mutter anrufen soll, einen Termin bestätigen oder die Tochter vom Kindergarten abholen muss. Und Ihr mühsam entwickelter und sorgsam getexteter Werbebrief landet in der Ablage.

Sie sehen: Auch wenn Sie es schaffen, den potenziellen Kunden für Ihr Angebot zu interessieren, wird er sich nicht automatisch bei Ihnen melden. Zu viele Unsicherheiten, Irritationen, Störfaktoren schieben sich dazwischen.

Dem können Sie zumindest teilweise entgegenwirken: mit einem klaren Call to Action. Er sagt dem Leser, was er wann und auf welche Weise zu tun hat. Er räumt handlungshemmende Ängste und Blockaden aus dem Weg und bestärkt den Leser in seiner Motivation.

Hier einige Empfehlungen dazu:

TIPPS

Vorteil wiederholen.

Rufen Sie dem Leser noch einmal Ihr zentrales Nutzenversprechen in Erinnerung, setzen Sie auf die Kraft der Wiederholung und motivieren Sie den Adressaten dadurch zum sofortigen Handeln.

Beispiele:

Nutzen Sie diese einmalige Chance: Seien Sie dabei beim exklusiven Österreich-Seminar von Werbe-Guru Robert Hallstätter. Jetzt anmelden unter Tel. 01234/56789!

Da wird Ihr Liebster Augen machen: Überraschen Sie ihn mit einem Gourmet-Abend im LaDuo – gleich reservieren unter 01234/5678.

Auf Beilage verweisen.

Wenn Sie mit Ihrem Brief einen Flyer, eine Broschüre oder sonstiges Infomaterial verschicken: Fordern Sie den Leser auf, in der Beilage weiterzulesen und mehr über Ihr Angebot zu erfahren – und zwar jetzt gleich.

Beispiele:

Wollen Sie mehr über unser Gründercoaching erfahren? Dann schauen Sie doch gleich mal in die beiliegende Broschüre …

Noch mehr Highlights der aktuellen Frühjahrsmode finden Sie im beiliegenden Prospekt. Machen Sie es sich gemütlich und wählen Sie in aller Ruhe Ihre persönlichen Mode-Favoriten aus …

Bestellung einfach machen.

Wenn der Leser gleich bestellen soll: Machen Sie ihm klar, wie einfach, rasch und bequem er zu seiner Ware kommt – so verringern Sie seine Reaktionsschwelle.

Beispiele:

Wenn Sie heute bestellen, erhalten Sie Ihre exquisite Gartengarnitur schon in wenigen Tagen frei Haus geliefert. Einfach die frankierte Antwortkarte ausfüllen, gleich abschicken, fertig!

Fordern Sie unsere Studie mit dem beiliegenden Bestellschein an – er ist schon für Sie ausgefüllt. Einfach faxen an 01234/56789-33.

Weitere Infos anfordern lassen.

Wenn Sie einen Brief ohne Beilagen verschicken oder Ihr Mailing der erste Schritt in einem mehrstufigen Verkaufsprozess ist, muss der interessierte Leser von sich aus weitere Infos anfordern.

Wichtig: Geben Sie ihm Sicherheit – weisen Sie ihn darauf hin, dass der 400-seitige Katalog oder die Erstberatung gratis sind oder dass die Produktpräsentation in Ihrem Unternehmen stattfindet, nach Wunsch auch nach Feierabend etc. Nennen Sie einen konkreten Ansprechpartner, sagen Sie dem Leser, was nach seiner Kontaktaufnahme passieren wird.

Beispiele:

Rufen Sie jetzt an unter 01234/56789 und vereinbaren Sie ein kostenloses und unverbindliches Erstgespräch.

Sie wollen wissen, wie Sie Ihr Ungarngeschäft voranbringen können? Sprechen wir unverbindlich darüber – bei Ihnen im Büro, gerne auch nach Feierabend oder am Wochenende. Vereinbaren Sie gleich einen kostenlosen Beratungstermin unter Tel. 01234/56789.

In unserem kostenlosen Produktkatalog können Sie aus über 1200 Spezialwerkzeugen wählen. Jetzt anfordern unter katalog@histo.com!

Möchten Sie mehr über unsere Logistik-Software wissen? Unsere Vertriebsleiterin Melanie Berger beantwortet gerne Ihre Fragen. Rufen Sie gleich an unter 01234/56789-04.

Dringlichkeit erzeugen.

Nutzen Sie die kaufbereite Stimmung, die Sie in Ihrem Mailing aufgebaut haben und bringen Sie den Leser zum sofortigen

Handeln. Warum? Die meisten Menschen haben nur eine kurze Aufmerksamkeitsspanne – und die gilt es zu nutzen. Der Leser soll sich nicht erst denken: „Das Angebot klingt interessant, da rufe ich nächste Woche mal an“ – bis dahin hat er es längst vergessen.

Arbeiten Sie daher mit – wohldosierten! – Dringlichkeits-Taktiken:

Die ersten 20 Kunden erhalten ein wertvolles Überraschungsgeschenk. Deshalb: Gleich anrufen unter 01234/56789!

Jetzt bestellen und Tankgutschein im Wert von 15 Euro sichern!

Noch ein Tipp: Unsere Sommerkurse sind meistens rasch ausgebucht. Melden Sie sich deshalb noch heute an – Marion Sommer freut sich auf Ihren Anruf unter Tel. 01234/56789.

Risiko ausschalten.

Der Briefausstieg ist ein guter Platz, um dem reaktionswilligen Leser noch einmal ein Extra an Sicherheit zu bieten: eine Garantie, ein Rücktrittsrecht, risikofreie Probe, unverbindlicher Test. Diese Sicherheit ist besonders bei teuren, unbekannten Produkten wichtig oder wenn Sie der Adressat noch nicht kennt.

Beispiele:

Testen Sie „Mein Gemüsegarten“ ganze 3 Monate lang, gratis und unverbindlich. Das Probe-Abo endet automatisch. Jetzt anfordern unter Tel. 01234/56789!

Fordern Sie jetzt unser Einsteiger-Paket an – 100 % gratis, 100 % risikofrei. Einfach Bestellkarte ausfüllen und abschicken!

FAZIT

Lassen Sie den Leser nach der Lektüre Ihres Werbebriefes nicht ratlos zurück. Sagen Sie ihm, was er jetzt tun soll: Anrufen, faxen oder mailen? Infos anfordern oder das beworbene Produkt gleich bestellen?

Die gewünschte Handlung des Interessenten hängt auch davon ab, wie komplex Ihr Erzeugnis oder Ihr Service ist. Bei umfangreichen Angeboten wie etwa Beratungs-Dienstleistungen wird das Mailing nur die erste von mehreren Werbemaßnahmen sein. Streben Sie daher lieber bescheidene Ziele an und überfordern Sie den Leser nicht.

ZITAT ZUM THEMA

„[...] you are not going to make the sale unless you ask for the order."

Slaunwhite, Steve: The Everything Guide to Writing Copy. Avon, 2007, S. 107.

Grußformel

Respektvoll und individuell.

„Wir verbleiben hochachtungsvoll“, „mit den besten Empfehlungen“, „in Erwartung Ihrer geschätzten Antwort“ – ja, man liest sie immer noch, diese antiquierten Grußformeln, denen eine liebenswerte Patina anhaftet.

Machen Sie's besser. Zeigen Sie, dass Sie nicht von gestern sind und verabschieden Sie sich in Ihrem Werbebrief zeitgemäß, freundlich und sympathisch.

Wichtig: Die Grußformel muss zu Ihrer Branche und zu Ihrem Wording passen. Wenn Sie in einem konservativen Bereich wie der Vermögensberatung tätig sind, ist ein saloppes „Wir sehen uns!“ weniger angebracht. Wenn sich Ihr Mailing hingegen an die Stammkunden Ihres Yoga-Institutes richtet, können Sie Ihren Brief ruhig mit einem legeren Gruß beenden.

Hier einige Beispiele:

TIPPS

- Weihnachtliche Grüße aus Linz
- Sommergrüße aus der Festspielstadt Salzburg
- Sonnige Grüße vom Wörthersee
- Verschneite Grüße aus Warth-Schröcken
- Wir freuen uns auf Sie!
- Viel Erfolg!
- Danke!
- Mit besten Grüßen
- Beste Grüße
- Beste Grüße von Ihrem Serviceteam
- Wir sehen uns im Kongresszentrum Kufstein!
- Ich freue mich auf Ihren Anruf!
- Auf bald im Weißen Adler!
- Herzliche Grüße aus dem Schwabenland

- Viele Grüße nach Bayern
- Einen lieben Gruß aus München
- Schöne Grüße nach Wien
- Mit freundlichen Grüßen
- Freundliche Grüße

FAZIT

Mit Klassikern wie „Mit freundlichen Grüßen" liegen Sie immer richtig. Versuchen Sie jedoch, auch in der Verabschiedung etwas persönlicher zu werden; formulieren Sie zum Beispiel einen Gruß, der sich auf saisonale oder örtliche Besonderheiten bezieht.

SPEZIALTIPP

Entwickeln Sie Ihre eigene Grußformel, die Sie dann in Ihrer gesamten Korrespondenz einsetzen. Beispiele: Ein Solaranlagen-Erzeuger verabschiedet sich „Mit solaren Grüßen"; ein selbstständiger Programmierer auf Norderney verwendet stets „Virtuelle Inselgrüße". Ein solcher Gruß wirkt wie ein „Mini-Slogan"; er zeigt Ihre Individualität und hat Unterscheidungskraft.

Unterschrift

Legen Sie Wert auf Ihre Signatur.

Oft enthalten Werbemittel eine (unbeabsichtigte) kalte Dusche, die alle verkaufstechnischen Bemühungen mit einem Schlag zunichtemacht:

Zum Beispiel Webseiten, die nach allen Regeln der Kunst getextet sind, eine starke Kaufbereitschaft erzeugen und dann den Interessenten zu einem nackten Kontaktformular lenken – ohne ihn freundlich aufzufordern, eine Anfrage zu schicken, ohne sich bei ihm zu bedanken, ohne ihm zu versichern, dass man sich umgehend bei ihm melden wird.

In diese Kategorie fallen auch Werbebriefe, die den Leser umgarnen, viele kleinere und größere Jas erzeugen und dann kalt und unpersönlich enden: „Dieses Schreiben wurde maschinell erstellt und ist ohne Unterschrift gültig." Das Signal an den Leser: Er ist lediglich eine Nummer in der EDV, wird unter Effizienzgesichtspunkten verwaltet und nicht hofiert. Kein guter Start für eine Geschäftsbeziehung.

Die Technisierung lässt grüßen – und ist bei einem Werbebrief fehl am Platz. Denn hier geht es um die persönliche Bindung zum Leser, um den Aufbau von Vertrauen. Und dazu gehört, dass Sie eigenhändig unterschreiben (oder Ihre Unterschrift zumindest einscannen und eindrucken, falls Sie ein Massenmailing verschicken wollen).

… und das sollten Sie dabei beachten:

TIPPS

Vorname plus Nachname.

Stellen Sie sich folgendes Briefende vor: „… rufen Sie uns gleich an unter 01234/56789-0. – Beste Grüße, K. Schmutzler". Der Leser greift zum Telefon und wird unsicher: Muss er jetzt einen

Herrn oder eine Frau Schmutzler verlangen? Außerdem – so findet er – ist es doch peinlich, nicht zu wissen, mit wem man reden will: „Ich hätte gern den Herrn oder die Frau Schmutzler gesprochen."

Und schon hat sich eine kleine Hürde auf dem Weg zur Kontaktaufnahme eingeschlichen – ganz abgesehen davon, dass es einfach unhöflich ist, seinen Vornamen nicht anzugeben.

Unterschreiben Sie deshalb immer mit vollem Namen – und räumen Sie damit Missverständnisse von vornherein aus dem Weg.

Leserliche Unterschrift.

Denken Sie daran: Alles in Ihrem Werbebrief muss einfach und leicht verständlich sein – nach dem Motto „Don't make me think". Mit einer krakeligen Unterschrift erreichen Sie jedoch nur das Gegenteil: Der Leser will bewusst oder unbewusst Ihr unleserliches Geschreibsel entziffern, er will wissen, was diese mysteriösen Zeichen bedeuten – und schon ist er vom Inhalt Ihres Briefes abgelenkt.

Namen in Druckschrift.

Immer empfehlenswert: Wiederholen Sie Ihren (vollen) Namen in Druckschrift. Denn auch grundsätzlich lesbare eigenhändige Unterschriften sind oft nicht eindeutig erkennbar – und das öffnet Missverständnissen Tür und Tor.

Unter Ihrem gedruckten Namen können Sie dann auch gleich noch Ihre Funktion (falls erforderlich) anführen. Also zum Beispiel „Kundenbetreuer Westösterreich" oder „Geschäftsführer".

FAZIT

Der Idealfall: ein von Hand mit blauer Tinte unterzeichneter Werbebrief. Er signalisiert Wertigkeit und eine hohe Aufmerksamkeit gegenüber dem Leser; eine deutlich lesbare Unterschrift vermittelt Höflichkeit und Vertrauenswürdigkeit. Das sind die

Grundlagen guter Geschäfte – und die Unterschrift ist Ihre Chance, dem Leser Ihren Respekt und Ihre Professionalität ohne viele Worte zu vermitteln.

ZITAT ZUM THEMA

„Es geht darum, einem unbekannten Menschen Ihre Aufwartung zu machen, und das Einzige, das unverwechselbar von Ihnen persönlich dazu beigesteuert wird, ist Ihre Unterschrift."

Kracht, Wolfgang Max: Alles, was einfach ist, ist gut. Erfolgreiche Werbebriefe selber texten. Norderstedt, 2003, S. 90.

PS

Nutzen Sie die Kraft des Postskriptums.

Wichtige Botschaften sollte man immer dort unterbringen, wo sie vom Kunden mit größter Wahrscheinlichkeit wahrgenommen werden. Nun – das Postskriptum in einem Mailing ist so ein Ort.

Das hängt unter anderem mit dem Blickverlauf des Brieflesers zusammen: Er beginnt rechts oben beim Absenderlogo, wandert über die Empfängeradresse hin zum Betreff und endet beim PS. Und nur, wenn das Postskriptum klaren Nutzen bietet und Interesse weckt, wird sich der Leser Zeit für die genaue Lektüre des restlichen Briefes nehmen.

Was sind die Aufgaben des PS?

- Es setzt die wichtigsten Leservorteile ins Rampenlicht.
- Es motiviert den Adressaten zum Weiterlesen.
- Es bringt den Leser zum Handeln.

Das PS verstärkt also die Wirkung Ihres Werbebriefes – nutzen Sie diese Chance.

Hier einige Anregungen:

TIPPS

Bonus.

Eine attraktive Prämie, ein großzügiges Geschenk, ein unwiderstehlicher Bonus – belohnen Sie den Leser, wenn er (rasch) reagiert. Seien Sie dabei nicht zu kleinlich: Das versprochene Extra muss einen gewissen Wert vermitteln, um den Leser zum Handeln zu bewegen.

PS: Lassen Sie sich das nicht entgehen: Wenn Sie jetzt Ihr Design-Notebook bestellen, erhalten Sie eine hochwertige Notebook-Tasche im Wert von 43 Euro gratis!

Testimonial.

Auch wenn Sie Ihren Werbebrief noch so überzeugend formulieren: Der Leser wird immer Zweifel haben, ob Ihr Produkt auch hält, was Sie versprechen. Das gilt besonders für teure oder komplexe Erzeugnisse und Dienstleistungen, etwa im B2B-Bereich.

Gehen Sie deshalb im PS in die Offensive und lassen Sie zufriedene – oder noch besser: begeisterte – Kunden zu Wort kommen. So zeigen Sie durch einen wirkungsvollen „Social Proof", wie gut Ihr Produkt ankommt und was es den Anwendern bringt.

PS: Wie schnell unsere Shop-Optimierung wirkt, zeigt das Beispiel von Marius Bayer von PetShopOnline: „Ich hatte ja anfangs meine Zweifel, ob sich die Konversionsraten unseres Shops so stark und vor allem in so kurzer Zeit verbessern lassen. Aber ich wurde eines Besseren belehrt: Schon nach fünf Wochen konnten wir unsere Bestellrate von 6 auf 9 % steigern."

Vorteile.

Mit dieser Methode liegen Sie nie falsch: Wiederholen Sie im PS noch einmal die wichtigsten Vorteile Ihres Angebotes, führen Sie dem Leser den Nutzen Ihres Produktes vor Augen.

Das hat zwei Vorteile: Wer zuerst das Postskriptum liest, erkennt gleich, wie er von Ihnen profitieren kann und liest im Haupttext weiter. Wer Ihren Werbebrief von oben nach unten liest, wird erneut an seinen Nutzen erinnert und in seiner Kaufabsicht bestärkt.

PS: Machen Sie mit bei unserer Poweruser-Umfrage und Sie erhalten unser Shopmagazin gratis – ein ganzes Jahr lang!

Glaubwürdigkeit.

Damit Ihnen der Leser vertraut und auf Ihren Werbebrief reagiert, müssen Sie für Glaubwürdigkeit sorgen. Und das gelingt am besten, wenn Sie sich auf die Urteile von unabhängigen Experten berufen: Gütesiegel, Testergebnisse, Auszeichnungen.

PS: Die Zuverlässigkeit unseres Rasenmähers wurde jetzt von Experten bestätigt: Das Modell „Froschkönig" ist Testsieger bei Stiftung Warentest 09/2011!

Beilage.

Wichtig für B2B: Mit einer informativen Beilage werten Sie Ihren Werbebrief auf und geben dem Leser nicht nur einen guten Grund, sich ausführlich mit Ihrem Mailing zu beschäftigen, sondern es auch aufzubehalten und im Kollegenkreis zu besprechen.

Weisen Sie deshalb im PS auf Ihre Beilage hin: auf eine ausführliche Fallstudie, einen Kundenbericht, einen Bericht aus einem Branchenmagazin, eine Vergleichsstudie, eine praktische Checkliste, ein Fachartikel, ein Presseinterview usw.

PS: Sie wollen wissen, wie einfach sich unser Lagersystem umsetzen lässt und wie schnell es sich rechnet? Dann lesen Sie in der beiliegenden Fallstudie weiter …

Garantie.

Beseitigen Sie eines der zentralen Kaufhemmnisse: Unsicherheit. Betonen Sie im PS (noch einmal) Ihre Garantie; versprechen Sie dem Kunden, dass er das gekaufte Produkt auf Ihre Kosten retournieren kann und sofort sein Geld zurückerhält; dass er sich auf stabile Preise oder langfristigen Service verlassen kann.

PS: Verlassen Sie sich auf unsere 100-%-Zufriedenheitsgarantie: Wenn das FixKoch-Seminar nicht Ihre Erwartungen trifft, erhalten Sie den Ticketpreis sofort zurück. Ohne Wenn und Aber.

Dringlichkeit.

Sie wollen, dass der Leser Ihres Mailings möglichst rasch reagiert, zum Telefonhörer greift oder Ihnen mailt. Der Leser wiederum ist vielleicht gerade in Eile, hat den Kopf voller Alltagssorgen oder zögert aus anderen Gründen. Kurz: Sie müssen den Leser dazu bringen, jetzt sofort zu reagieren, bevor seine Gedanken wieder abschweifen und er Ihr Angebot vergisst.

Betonen Sie deshalb im PS die Dringlichkeit:

Achtung: Der Exklusiv-Workshop mit Prof. DDr. Hannes Zwiebelhirn ist auf 18 Teilnehmer beschränkt. Rufen Sie uns an unter 01234/56789 und reservieren Sie Ihren Platz noch heute!

Fast hätte ich's vergessen.

Wenn Sie einen Punkt besonders hervorheben möchten, können Sie diese einfache Taktik verwenden:

Fast hätte ich's vergessen: Bei unserem Anlegerseminar dürfen wir auch Österreichs bekannteste Börsenexpertin Verena Winkler begrüßen. Das heißt für Sie: noch mehr Insidertipps, noch mehr heiße Anlegerstrategien, noch mehr Gewinnchancen!

FAZIT

Nutzen Sie die exponierte Platzierung des Postskriptums für Ihre stärkste Botschaft. Betonen Sie noch einmal den Kundennutzen, schaffen Sie Dringlichkeit, fordern Sie zum Handeln auf. Der Leser muss das Gefühl bekommen: „Dieses Angebot darf ich mir nicht entgehen lassen – ich greife jetzt sofort zum Telefon und ruf da mal an."

SPEZIALTIPP 1

Verzichten können.

Falls Sie es nicht schaffen, ein starkes PS zu formulieren, dann verzichten Sie lieber ganz darauf. Warum? Versetzen Sie sich einfach in die Lage Ihres Lesers: Er öffnet Ihr Mailing, überfliegt Adresse, Headline und bleibt beim PS hängen.

Und wenn er hier weder einen überzeugenden Nutzen noch ein unwiderstehliches Angebot entdeckt, sondern nur einen lahmen Satz wie „PS: Wir sind schon in der 3. Generation als Schreiner tätig. Vertrauen Sie uns.“ – dann wird ihn das nicht zum Weiterlesen animieren.

SPEZIALTIPP 2

Halten Sie sich kurz.

Die Botschaft des PS muss dem Leser beim ersten, flüchtigen Scannen ins Auge springen; er muss sie sofort verstehen. Das gelingt Ihnen nicht, wenn sich das Postskriptum über fünf oder mehr Zeilen zieht. Versuchen Sie deshalb, mit ein oder zwei Textzeilen auszukommen.

SPEZIALTIPP 3

Variieren Sie.

Das PS muss nicht immer „PS“ heißen. Probieren Sie auch andere Formulierungen aus:

- Achtung
- Nicht vergessen
- Denken Sie daran
- Nur für kurze Zeit
- Noch einmal
- Übrigens
- Extra für Sie
- Ihr persönlicher Bonus

Antwortelement

Antworten leicht gemacht.

Einfach, schnell und günstig: So sollten Sie den Kontakt zwischen dem bestellbereiten Leser und Ihnen gestalten. Und dabei hilft Ihnen ein klug aufgebautes Antwortelement – ob kostenlose Telefonnummer für detaillierte Produktinfos, vorfrankierte Antwortkarte oder vorausgefülltes Faxformular.

Wenden Sie beim Antwortelement die gleiche Sorgfalt auf wie beim Brief. Denn: Jetzt gilt's. Wenn sich der Adressat mit dem Response-Element beschäftigt, ist er bereit, mit Ihnen in Kontakt zu treten, sich näher von Ihnen beraten zu lassen oder gleich zu bestellen. Und da sollten Sie keine (unbeabsichtigten) Stolperfallen einbauen …

Dazu einige Empfehlungen:

TIPPS

Passend auswählen.

Entscheiden Sie sich für ein Response-Element, das zu Ihrer Branche und Ihrer Zielgruppe passt und bei dem Sie den Rücklauf organisatorisch problemlos bewältigen können.

Neben Telefonnummer und Email-Adresse können Sie folgende Elemente einsetzen:

- ein Faxformular (vor allem bei Geschäftskunden)
- eine (freigemachte) Antwortkarte
- ein Bestellschein samt (freigemachtem) Rückantwortkuvert (etwa bei Katalogbestellungen)

Eindeutig kennzeichnen.

Der Leser muss erkennen, dass es sich bei Ihrem Response-Element um die Aufforderung zur Kontaktaufnahme bzw. Bestellung handelt – nicht etwa um einen Flyer oder anderes Werbematerial.

Betiteln Sie Ihr Response-Element daher etwa mit „Antwortkarte“, „Info-Ticket“ oder „Schnell-Antwort“.

Nutzen wiederholen.

Führen Sie auf Ihrem Antwortelement noch einmal Ihr zentrales Nutzenversprechen an; machen Sie dem Adressaten noch einmal klar, was er von Ihrem Angebot bzw. einer sofortigen Reaktion hat. So verschaffen Sie ihm ein gutes Gefühl und motivieren ihn zum Handeln.

Zum Beispiel:

Bestellen Sie jetzt und kassieren Sie 40-Euro-Sofortprämie!

Starten Sie gleich in Ihr neues Leben und buchen Sie Ihre Gratis-Coaching-Schnupperstunde!

Verwöhnen Sie Ihre Haut mit milder Stutenmilch. Heute bestellen – morgen anwenden!

Eine ähnliche Wirkung erzielen Sie, wenn Sie dem Antwortelement einen Titel mit Vorteilsversprechen geben, zum Beispiel „Eröffnungs-Gutschein“, „Wertkarte“ oder „Test-Abonnement“.

Sicherheit bieten.

Vielleicht kennen Sie das ja aus eigener Erfahrung: Sie füllen gerade die Antwortkarte eines Mailings aus und beginnen zu zweifeln: „Brauche ich das wirklich?“, „Brauche ich das wirklich JETZT?“, „Wie war das nochmal mit der Garantie?“ usw.

Ihrem Adressaten geht es ähnlich. Bieten Sie ihm deshalb noch einmal beruhigende Sicherheiten – Garantien, Rücktrittsrechte, Testimonials, Zertifikate, überzeugende Produktfotos, Rabatte.

Antworten vorgeben.

Die klassische Variante: ein Ankreuzfeld – ein „Ja“ – der vorformulierte Handlungstext. Geben Sie die Antworten eindeutig vor und lassen Sie den Leser möglichst wenige Felder frei ausfüllen. So muss der Interessent lediglich seine Auswahl markieren und weiß, was im nächsten Schritt passieren wird.

Ja, ich bestelle das Polsterset zum Vorzugspreis von 14,95 Euro.

Ja, informieren Sie mich kostenlos über Ihre Webpakete für Handwerksbetriebe.

Ja, rufen Sie mich an und vereinbaren Sie mit mir einen unverbindlichen Beratungstermin.

Zum Handeln auffordern.

Führen Sie den Adressaten Stück für Stück durch das Antwortelement. Lassen Sie gar nicht erst zu, dass er sich orientierungslos fühlt und sich fragt, was er als nächstes zu tun hat.

Einige Beispiele:

Bitte vollständig ausfüllen!

Hier Ihre Telefonnummer eintragen.

Einfach ausfüllen, frankieren und absenden!

Gleich faxen an 01234/56789-11.

So erhalten Sie Ihr Polsterset noch schneller: Einfach anrufen unter 01234/56789!

Bitte hier unterschreiben.

Kurz halten.

Sie erinnern sich? Einfach, schnell und günstig soll die Kontaktaufnahme sein. Das erreichen Sie jedoch nicht, wenn der potenzielle Kunde erst ein zweiseitiges Faxformular mit zwanzig Fragen zu Haushaltsgröße, Kinderzahl und Lieblingsfarbe ausfüllen muss.

Fragen Sie deshalb nur die wichtigsten Daten ab; personalisieren Sie Ihr Antwortelement so weit es geht vor. In der weiteren Geschäftsanbahnung können Sie immer noch verkaufsrelevante Infos vom Interessenten erfragen.

Kontaktdaten anführen.

Engen Sie den bestellwilligen Adressaten nicht ein: Auch Ihr Faxformular sollte Ihre Telefonnummer, Ihre Postadresse und Ihre Email-Adresse enthalten. Denn letztlich will der Kunde selber entscheiden, wie er Sie kontaktiert – wenn er Ihr Mailing zum Beispiel während einer geschäftlichen Zugfahrt liest, wird er nicht warten wollen, bis er wieder im Büro ist und Ihnen das Antwortfax übermitteln kann.

Rechtliches abklären.

Wenn durch das Antwortelement ein Rechtsverhältnis entsteht (etwa bei einer Bestellung), dann muss der Text rechtlich einwandfrei sein. Ziehen Sie deshalb wenn nötig einen Juristen zu Rate.

FAZIT

Der Adressat ist von Ihrem Angebot überzeugt und will jetzt mehr erfahren oder bestellen. Das heißt: Er muss sich mit Ihrem Antwortelement beschäftigen, muss herausfinden, was jetzt konkret zu tun ist, muss es ausfüllen und faxen oder per Post versenden. Ganz schön viel Arbeit.

Ihre Aufgabe ist es, das Antwortelement so klar und übersichtlich wie möglich zu gestalten. Führen Sie den Interessenten durch den Ausfüllprozess, geben Sie ihm eindeutig vor, was er tun muss und machen Sie ihm den Kontakt so leicht wie möglich.

Verstärker

Worum geht's

In den vorangegangenen Kapiteln war immer wieder die Rede von Testimonials und Garantien. Warum? Weil diese beiden Elemente die Werbewirkung Ihres Mailing verstärken – sie sorgen für Glaubwürdigkeit und Sicherheit. Und das sind Werte, die in unserer Zeit mehr denn je zählen.

Was Sie bei der Arbeit mit Testimonials und Garantien beachten müssen, zeigt Ihnen der folgende Abschnitt.

Testimonials

Lassen Sie sich loben.

Unbezahlbar: kurze Statements, in denen begeisterte Kunden von ihren positiven Erfahrungen mit Ihnen berichten. Hier loben Sie sich nicht selbst, sondern lassen neutrale Dritte über sich sprechen – das macht Testimonials glaubwürdig und überzeugend.

Ihr Briefadressat liest, wie andere Kunden von Ihnen profitiert haben, wie Sie ihnen zu mehr Lebensqualität, Gewinn, Zeit usw. verholfen haben. Dem Empfänger wird bildhaft vor Augen geführt, was Ihr Produkt oder Ihre Dienstleistung für ihn tun kann; er erhält einen objektiven Beweis Ihrer Leistungsfähigkeit und Vertrauenswürdigkeit. Deshalb eignen sich aussagekräftige Testimonials auch für Ihren Werbebrief.

Beachten Sie dabei folgende Punkte:

TIPPS

Testimonials beschaffen.

Nur keine falsche Scheu: Fragen Sie Ihre Kunden einfach, was ihnen an Ihrem Angebot besonders gut gefällt. Zufriedene Klienten sind gerne bereit, Ihnen ein paar Sätze zuzusenden. Rufen Sie sie einfach an, erklären Sie Ihr Anliegen und fragen Sie nach ein paar spezifischen Aussagen, die Sie in Ihren Werbemitteln (nicht nur in Ihrem Mailing) verwenden dürfen.

Sie können auch Ihrem Produkt einen kurzen (!) Fragebogen mitschicken mit einer Mischung aus Multiple-Choice-Fragen und Kommentarfeldern. Noch bequemer ist eine Online-Lösung, etwa bei Bestellungen in Internetshops.

Das ermöglicht Ihnen auch quantitative Aussagen wie „97 von 100 Kunden würden unsere KFZ-Werkstatt jederzeit weiterempfehlen."

Allgemein gilt: Machen Sie es Ihren Kunden so einfach und schmackhaft wie möglich, konstruktives Feedback zu geben – und belohnen Sie sie mit einem kleinen Präsent oder einem Gutschein.

Kurz halten.

Ein Testimonial ist keine Fallstudie. Wählen Sie aus jeder Kundenmeinung die knackigsten und aussagekräftigsten Sätze – lassen Sie nichtssagende Füllsel weg.

Aber übertreiben Sie es nicht: Kundenzitate wie „Super!" – „Fantastischer Service" – „besser als erwartet" sagen nichts aus und sind deshalb alles andere als hilfreich ...

An der Zielgruppe ausrichten.

Wählen Sie Testimonials aus, die genau jenes Problem ansprechen, das Ihrer Mailing-Zielgruppe unter den Nägeln brennt. Die Kundenstimme soll nicht einfach nur Ihr „überragendes, aufmerksames Service" loben, sondern sich auf spezifische Inhalte beziehen.

Das könnte zum Beispiel bei einem Friseur-Mailing so aussehen:

„Seit Jahren habe ich nach der Frisur gesucht, die wirklich zu mir passt. Bei ‚The Scissors' hat man sofort erkannt, dass ich eigentlich ein Kurzhaartyp bin – und siehe da, ich fühle mich so richtig wohl mit meinem neuen Pixie-Cut und bekomme Komplimente von allen Seiten." – Marianne Schmid, Wuppertal

Der Vorteil: Der Leser kann sich mit dem Testimonial identifizieren, er erkennt sich wieder – und das verstärkt die Wirkung.

Authentisch bleiben.

Manch einer Ihrer Kunden wird sich schwer tun, selbst ein paar Sätze zu Papier zu bringen und Sie deshalb bitten, in seinem Namen ein Testimonial zu verfassen. Oder das zugesendete Statement textlich zu optimieren und zu verfeinern.

Das Problem dabei: Den meisten Kundenstatements merkt man es an, wenn sie vom Unternehmer selbst oder von Textern verfasst wurden. Sie wirken glatt und konstruiert – und sind deshalb weniger glaubwürdig.

Es sind gerade die gewisse Unbeholfenheit, die grammatikalischen Holprigkeiten, die ein Testimonials als „echt“ erscheinen lassen. Verspielen Sie diesen Bonus nicht.

Vertrauen schaffen.

Erfinden Sie keine Kundenzitate, legen Sie niemandem etwas in den Mund. Und sorgen Sie dafür, dass das Testmonial ernst genommen wird.

Das heißt: Geben Sie als Absender nicht einfach „K. H. aus A.“ an, sondern führen Sie den vollen Namen, die Stadt und – wenn sinnvoll – auch den Beruf und das Unternehmen des Kunden an. Also zum Beispiel „Karin Hassauer, Metzgermeisterin in Augsburg“ oder „DDr. Hermann Staudigl, CEO von Minzcraft, München“.

Dabei gilt: Je bekannter und respektabler die Testimonials sind, je mehr Autorität sie ausstrahlen, umso besser.

Optimal platzieren.

Wo bringen Sie nun das Testimonial am besten unter? Meine Empfehlung: Seien Sie kreativ.

Wenn Sie ein wirklich starkes, knackiges Testimonial haben, das Ihren zentralen Kundennutzen rüberbringt – warum nicht gleich als Headline verwenden?

Zum Beispiel:

„Früher fühlte ich mich unter meinen Manager-Kollegen immer ein wenig unsicher und steif. Erst seit ich das Knigge-Seminar für Jungmanager besucht habe, gehöre ich so richtig dazu.“ - Fred Nitzsche, Key Account Manager bei Riba, Berlin

Aber auch als Briefeinstieg sind Testimonials geeignet, ebenso als PS. Und experimentieren Sie einfach mal: Packen Sie mehrere (längere) Testimonials auf ein separates Blatt und legen Sie es Ihrem Mailing bei …

FAZIT

Gerade für einen schriftlichen Verkaufsdialog wie dem Mailing sind Testimonials ideal. Sie ergänzen in lockerem Plauderton Ihre Argumente, wirken glaubwürdig und sind eine ausgezeichnete Mund-zu-Mund-Propaganda.

Verwenden Sie aber nur wirklich glaubhafte Kundenzitate, die authentisch wirken und jene spezifischen Vorteile Ihres Angebotes betonen, die auch für die Mailing-Zielgruppe relevant sind – sonst verschießen Sie nur Ihr Pulver.

ZITAT ZUM THEMA

„Testimonials allow new prospects to identify with other people who have been happy with your products or services, which helps them envision themselves using your business."

Levinson, Jay Conrad: Guerilla Marketing Online Weapons. New York, 1996, S. 149.

Garantien

Werben Sie mit Sicherheit.

„Vielleicht passt die Möbelgarnitur doch nicht ganz zu unserem Landhausstil ...“ – „Wer weiß, ob der Füller wirklich so exklusiv wirkt wie auf dem Produktfoto“ – „Was ist, wenn mein Sohnemann die Modelleisenbahn vielleicht doch nicht will?“

Diese und ähnliche Bedenken plagen den Leser Ihres Werbebriefs. Er will zwar bestellen, weiß dann aber doch nicht so recht, wie und was und überhaupt.

Solche kaufhemmenden Zweifel können Sie mit großzügigen Garantien wunderbar zerstreuen. Der Kunde weiß dann: Egal, was passiert – die Möbelgarnitur wirkt viel zu dominant, der Füller erweist sich als zu groß für die kleine Frauenhand, der Sohnemann hätte sich lieber ein Fahrrad gewünscht –, er kann den Kauf rückgängig machen und ist aus dem Schneider.

Garantien nehmen also die Angst vor Fehlentscheidungen, sie verschaffen dem Briefleser ein gutes Gefühl und erleichtern ihm das Bestellen. Starke Vorteile also, die Sie nutzen sollten.

Ein paar Überlegungen dazu:

TIPPS

Vorteile.

Dass Garantien so gerne als Werbeversprechen genutzt werden, verwundert nicht:

- Garantien zeigen, dass Sie von Ihrem Produkt überzeugt sind. Je länger und umfassender die Garantie, desto mehr Risiko gehen Sie ein und desto mehr Vertrauen haben Sie folglich in Ihr Angebot.

- Garantien beruhigen den Käufer; er weiß, dass er mit dem Kauf kein Risiko eingeht und nimmt Ihr Produkt als hochwertiger wahr.

- Garantien werden selten ausgenützt. Natürlich wird es immer wieder Käufer geben, die ein Produkt verwenden und dann vor Ablauf der Garantiefrist retournieren. Doch die Faustregel lautet: Durch großzügige Garantien generieren Sie viel mehr Umsatz als Sie durch Rückerstattungen verlieren. Garantien zahlen sich also aus – eine akzeptable Produktqualität vorausgesetzt.

Dauer.

Generell gilt: Je länger die Garantie, desto besser. Erstens erhöht sie das Sicherheitsgefühl beim Kunden und zweitens ist hier die Chance größer, dass der Kunde die Garantie ganz einfach vergisst und gar nicht mehr daran denkt, sein Produkt zurückzugeben oder umzutauschen.

Das Problem bei kurzen Garantien: Der Kunde fühlt sich gedrängt. Er muss Ihr Produkt praktisch sofort ausprobieren, um nicht aus einer 10- oder 14-tägigen Garantie zu fallen. Und wenn Sie Pech haben, retourniert er dann lieber den Kauf, ohne ihn überhaupt ausgepackt zu haben.

Besser sind hier 30-, 60- oder 90-Tage-Garantien. Sie eignen sich für alltägliche Produkte und für Angebote von Herstellern, die dem Leser bislang unbekannt sind.

Beispiel:

Geld-zurück-Garantie: Testen Sie in aller Ruhe, ob der Magic X Ihren Erwartungen entspricht. Ganze 90 Tage lang. Wenn er Ihre Ansprüche nicht erfüllt, senden Sie ihn einfach an uns zurück – wir überweisen den Kaufbetrag innerhalb von drei Wochen auf Ihr Konto.

Auch lebenslange Garantien sind möglich – allerdings nur bei entsprechend haltbaren Produkten, zum Beispiel bei Aktenvernichtern, Aluminiumdächern oder hochwertigen Fahrradrahmen.

Bedingungen.

Gewähren Sie eine möglichst bedingungslose Garantie. Wenn Sie den Umtausch oder die Rückgabe Ihres Produktes an zehn Paragraphen knüpfen, wird sich Ihr Kunde genervt einen anderen Anbieter suchen.

Zum Beispiel:

Der Nimbus 5000 trifft nicht Ihre Erwartungen? Dann senden Sie ihn einfach an uns zurück und Sie erhalten den Kaufpreis sofort überwiesen. Ohne Wenn und Aber.

Rechtliches.

Wenn Sie mit Garantien werben, müssen Sie einige Punkte beachten, zum Beispiel:

- Formulieren Sie Ihre Garantie klar und einfach.

- Geben Sie Ihre Garantieleistung an: Rücknahme, Umtausch, Reparatur etc.

- Weisen Sie darauf hin, dass die Garantie unabhängig von der gesetzlichen Gewährleistung besteht.

- Geben Sie an, was Ihre Garantie im Detail beinhaltet.

- Führen Sie Name und Adresse des Garantiegebers an.

- Informieren Sie den Käufer, wann Garantieansprüche entstehen (zum Beispiel die Art der Mängel), wie er die Garantie geltend machen kann (zum Beispiel, ob er die Ware einschicken muss oder ob sie abgeholt wird) und was ihn das kostet.

- Geben Sie die Dauer und den räumlichen Geltungsbereich der Garantie an.

FAZIT

Seien Sie Ihren Kunden gegenüber großzügig, bieten Sie eine überdurchschnittliche Garantie. Das bringt Ihnen mehr Käufer und mehr Umsatz und kostet Sie nur wenig. Heben Sie Ihre Garantie grafisch hervor, platzieren Sie sie auffällig – zum Beispiel bei der Bestellaufforderung oder im PS. Und formulieren Sie sie rechtlich einwandfrei.

ZITAT ZUM THEMA

„For a product, the best offer is a strong, long, unconditional money-back guarantee."

Bly, Robert W.: Business to Business Direct Marketing: Proven Direct Response Methods to Generate More Leads and Sales. Lincolnwood, 1998, S. 159.

Checklisten

Worum geht‘s

Wenn Sie ein Mailing gestalten, müssen Sie auf vieles achten – vom leicht verständlichen, überzeugenden Text über die wirksamste Reihenfolge Ihrer Verkaufsargumente bis hin zu korrekter Rechtschreibung und Grammatik.

Und im Eifer des Gefechts – und besonders, wenn die Deadline mit Riesenschritten naht – übersieht man schon mal diese oder jene Kleinigkeit.

Die folgenden Checklisten helfen Ihnen dabei, den Überblick zu behalten: vor, während und nach der Texterstellung.

Passt der Text?

Liest sich Ihr Werbebrief freundlich-sympathisch oder gestelzt-distanziert?

Haben Sie Passiv- durch Aktivsätze ersetzt?

Halten Sie Wörter, Sätze und Absätze kurz?

Beschreiben Sie Ihr Angebot bildhaft und anschaulich?

Sprechen Sie die Sinne an?

Sind Ihre Metaphern frisch und innovativ oder abgestanden und floskelhaft?

Haben Sie negative Aussagen in positive Formulierungen umgewandelt?

Verzichten Sie auf Hilfsverben und Konjunktiv?

Wie sieht's mit unnötigen Wortwiederholungen aus?

Kennen Ihre Leser die verwendeten Fachwörter und Abkürzungen?

Haben Sie Fremdwörter durch den deutschen Ausdruck ersetzt?

Machen Sie schwammige Angaben oder bringen Sie konkrete Zahlen?

Schreiben Sie aus der „Sie"- oder aus der „Wir"-Perspektive?

Nutzen Sie die magischen Wörter der Werbesprache (neu, gratis …)?

Schaffen Sie einen optischen Anker durch Aufzählungen?

Enthalten diese Aufzählungen wichtige Kundenvorteile?

Heben Sie zentrale Aussagen grafisch hervor?

Haben Sie sich auf eine Form der Hervorhebung beschränkt?

Ist die Optik des Briefes harmonisch, übersichtlich und ausgewogen?

Ist Ihr Brieftext frei von Rechtschreib- und Grammatikfehlern?

Haben Sie den Text gegenlesen lassen?

Passt das Konzept?

Kennen Sie die Kaufmotive Ihrer Kunden?

Wie befriedigt Ihr Angebot diese Kaufmotive?

Haben Sie den Nutzen aus den Produktmerkmalen abgeleitet?

Haben Sie den wichtigsten Kundennutzen identifiziert?

Steht dieser Nutzen im Zentrum Ihres Briefes?

Wie lässt er sich beweisen und bekräftigen?

Nutzen Sie Testimonials?

Welche Fragen hat Ihre Zielgruppe?

Welche Einwände hat Ihre Zielgruppe?

Wie können Sie diesen Einwänden begegnen?

Wie soll der Leser reagieren?

Haben Sie die Rolle der Beilage berücksichtigt (Flyer, Prospekt …)?

Welche Infos enthält der Brief, was ist Aufgabe der Beilage?

Passt der Aufbau?

Macht die Headline neugierig?

Passt die Anrede zu Ihrer Zielgruppe?

Treffen Sie mit dem Briefeinstieg den Nerv des Lesers?

Ist die Einleitung kurz genug?

Ist sie aus der Perspektive des Lesers formuliert?

Fokussiert der Hauptteil auf den Kundennutzen?

Bieten Sie Lösungen für das Kundenproblem?

Bringen Sie Beweise (Kundenmeinungen, Tests …)?

Beantworten Sie die unausgesprochenen Leserfragen?

Fordert der Briefabschluss unmissverständlich zum Handeln auf?

Machen Sie die Bestellung einfach?

Weisen Sie noch einmal auf den wichtigsten Vorteil hin?

Bieten Sie Sicherheit (Garantien, …)?

Erzeugen Sie Dringlichkeit?

Ist die Unterschrift leserlich, enthält sie Vor- und Nachname?

Wiederholen Sie den Namen in Druckschrift?

Liefert das PS einen starken Kaufgrund, eine wichtige Botschaft?

Ist es kurz genug?

Erleichtert das Antwortelement die Kontaktaufnahme?

Wiederholt es Ihre stärksten Argumente?

Gibt es Antworten vor?

Fordert es zum (risikofreien) Handeln auf?

Enthält es alle Ihre Kontaktdaten?

Literatur

Applegate, Edd: Strategic Copywriting. How to Create Effective Advertising. Lanham, 2005.

Bird, Drayton: Commonsense Direct Marketing. London 2004.

Bly, Robert W.: Business to Business Direct Marketing: Proven Direct Response Methods to Generate More Leads and Sales. Lincolnwood, 1998.

Brückner, Michael: Werbebriefe leicht gemacht. Textbausteine für perfekte Mailings. München, 2006.

Demarmels, Sascha/Kesselheim, Wolfgang (Hg.): Textsorten in der Wirtschaft. Zwischen textlinguistischem Wissen und wirtschaftlichem Handeln. Wiesbaden, 2011.

Demchak, Casey: Essential Sales Writing Secrets: The Complete Reference Guide to Thousands of Dynamic Copywriting Tips. Bloomington, 2005.

Dilthey, Tilo: Text-Tuning. Das Konzept für mehr Werbe-Wirkung. Göttingen, 2011.

Dobkin, Jeffrey: How to Market a Product for Under $ 500. Merion Station, 2001.

Förster, Hans-Peter: Texten wie ein Profi. Frankfurt/Main, 2000.

Gottschling, Stefan: Werbebriefe einfach machen. Das So-geht's-Buch für verkaufsstarke Briefe. Augsburg, 2007.

Gottschling, Stefan: Stark texten, mehr verkaufen. Kunden finden, Kunden binden mit Mailing, Web & Co. Wiesbaden, 2008.

Hager, Reiner: So schreibt man Briefe, die verkaufen. Der sichere Weg zu erfolgreichen Werbebriefen. Landsberg am Lech, 1989.

Hartwig, Heinz: Wirksames Werbetexten. Die Kunst mit Worten zu verkaufen. München, 1992.

Kracht, Wolfgang Max: Alles, was einfach ist, ist gut. Erfolgreiche Werbebriefe selber texten. Norderstedt, 2003.

Levinson, Jay Conrad: Guerilla Marketing Online Weapons. New York, 1996.

Lima, Paul: Copywriting That Works: Bright Ideas to Help You Inform Persuade, Motivate and Sell. o.O., 2011.

Maslen, Andy: Texten auf den Punkt gebracht. Weinheim, 2010.

McCraigh, Jim: How to Write Words That Sell. Goodyear, 2005.

Monzel, Monika: 99 Tipps für erfolgreiche Werbung. Berlin, 2006.

Muschitz, Michaela: Klartext schreiben im Business. So formulieren Sie Ihre Texte schneller, verständlicher und wirksamer. Offenbach, 2010.

Rentzsch, Hans-Peter: Kundenorientiert verkaufen im technischen Vertrieb. Erfolgreiches Beziehungsmanagement im Business-to-Business. Wiesbaden, 2008.

Sickel, Christian: Verkaufsfaktor Kundennutzen. Konkreten Bedarf ermitteln, aus Kundensicht argumentieren, maßgeschneiderte Lösungen präsentieren. Wiesbaden, 2010.

Slaunwhite, Steve: The Everything Guide to Writing Copy. Avon, 2007.

Vögele, Siegfried: Das Verkaufsgespräch per Brief und Antwortkarte. Heidelberg, 2002.

Winter, Jörn: Handbuch Werbetext. Frankfurt/Main, 2004.

Die Autorin

Ich arbeite als freie Werbetexterin, Journalistin und Fachautorin in Innsbruck – schon seit mehr als zehn Jahren. Meine Kunden sind Unternehmen, Agenturen und Verlage in den unterschiedlichsten Größen und Branchen: vom Pharmakonzern bis zur Lustermanufaktur, vom Tourismusverband bis zum Baumeister. In A, D, CH und I.

Seit 2010 verfasse ich eBooks zu den Themen Werbetext, Marketing und Bloggen. Sie sind schlanke Ratgeber für viel beschäftigte Praktiker: kompakt, Zeit sparend, sofort umsetzbar.

Noch ein paar Fakten:

Jahrgang 1974; promovierte Betriebswirtin; Praxiserfahrung in Banken, Handel und Unternehmensberatung; Mitglied des Markenmanagement-Netzwerkes brandpi.

Mehr …

… Text- und Marketingwissen gibt's in meinem Newsletter (abonnieren auf www.textshop.biz/cat/index/sCategory/1181)

… nützliche Tipps finden Sie auch in meinem TextShop: www.textshop.biz

Fragen?

Ich bin gerne für Sie da: office@textshop.biz

3810507R00076

Printed in Germany
by Amazon Distribution
GmbH, Leipzig